Hunde

Welpen der
Deutschen Dogge

Bluthund
(Bloodhound)

Rotfuchs

Skelett eines
Mähnenwolfs

Australian Silky Terrier

Shampoonierter
Pudel

Vulkane 37	Das alte Rom 38	Hunde 39	Wasser 40	Flugmaschinen 41	Große Musiker 42
Pferde 43	Kriminalistik 44	Säugetiere 45	Wetter 46	Fossilien 47	Pflanzen 48
Wikinger 49	Evolution 50	Computer 51	Raubtiere 52	Fußball 53	Der Zweite Weltkrieg 54
Strand & Meeresküste 55	Islam 56	Mond 57	Das moderne China 58	Geld 59	Pyramiden 60
Waffen & Rüstungen 61	Edelsteine & Kristalle 62				

Alphabetische Reihenfolge der Bände auf der letzten Seite

Bronzener Anubis
(um 500 v. Chr.)

memo
Wissen entdecken

Hunde

Australian Terrier

Text von
Juliet Clutton-Brock

Salukis
(Persische Windhunde)

Englischer Setter

Eisfuchs im Sommerpelz

Beagle

DK
DORLING KINDERSLEY

Langhaardackel und Rauhaardackel

Eisfuchs im Winterpelz

Schädel eines Fenneks

Mischlingshund

Lurcher

DK

DORLING KINDERSLEY
London, New York, Melbourne, München und Delhi

Projektbetreuung Marion Dent
Cheflektorat Linda Esposito, Andrew Macintyre
Lektorat Helen Parker, David John
Herstellung Louise Barratt, Luca Bazzoli
Bildredaktion Jutta Kaiser-Atcherley, Julia Harris,
Jane Thomas, Joanne Little, Rebecca Johns
Bildrecherche Cynthia Hole, Harriet Mills
DTP-Design Siu Yin Ho
Fotos Jerry Young, Alan Hills (British Museum, Großbritannien),
Colin Keates (Natural History Museum, Großbritannien)
Redaktion Sarah Phillips
Fachliche Beratung Kim Bryan
Umschlaggestaltung Smiljka Surla

Für die deutsche Ausgabe:
Programmleitung Monika Schlitzer
Projektbetreuung Martina Glöde, Janna Heimberg
Herstellungsleitung Dorothee Whittaker
Herstellung Anna Ponton

Bibliografische Information Der Deutschen Bibliothek
Die Deutsche Bibliothek verzeichnet diese Publikation in der
Deutschen Nationalbibliografie; detaillierte bibliografische Daten
sind im Internet über http://dnb.ddb.de abrufbar.

Titel der englischen Originalausgabe:
Eyewitness Dog

Übersetzung Margot Wilhelmi, Eva Sixt (S. 64–71, Poster)
Satz Roman Bold & Black

ISBN 978-3-8310-1886-4

Colour reproduction by Colourscan, Singapore
Printed and bound in China by Toppan

Besuchen Sie uns im Internet
www.dorlingkindersley.de

Römische
Bronzelampe
mit Hunde-
kopf und
Hundefüßen
(um Christi
Geburt)

Bronzehund aus Ägypten
(etwa 300 v.–300 n. Chr.)

Französische
Bulldogge

Inhalt

Boxer

Was ist ein Hund?

Zur Familie der Hundeartigen (Canidae, von lateinisch *canis* für „Hund") zählt man etwa 37 Arten. Die Hundefamilie gehört zu den Raubtieren, das heißt Hunde sind fleischfressende Jäger und zeigen bestimmte Anpassungen an diese Lebensweise. So besitzen sie ein typisches Raubtiergebiss, mit dem sie Beutetiere töten und Fleisch und Knochen zerkleinern können. Unter den Sinnen spielt der Geruchssinn die größte Rolle: Hunde sind „Nasentiere". Sie hören auch recht gut, der Gesichtssinn ist nicht so ausgeprägt. Abgesehen vom südamerikanischen Waldhund und vom Marderhund besitzen alle Hundeartigen lange Beine. Mit ihnen können die Hunde auf der Hetzjagd ihre Beute schnell und ausdauernd verfolgen. Hunde besitzen fünfkrallige Vorder- und vierkrallige Hinterpfoten und sind Zehenspitzengänger. Nur einige Haushundrassen besitzen fünfkrallige Hinterpfoten. Wildhunde sind langschwänzig und ihr Fell ist (außer beim Afrikanischen Wildhund) flecken- und streifenlos. In der Regel paaren sich Hunde einmal im Jahr und bringen nach zweimonatiger Tragzeit einen Wurf Junge zur Welt. Wie alle Säugetiermütter säugen auch Hunde ihre Jungen (Welpen) nach der Geburt. Die Aufzucht der Jungen ist meist Sache des ganzen Rudels oder beider Elternteile.

HUNDE IN ALLER WELT
Wildhunde waren ursprünglich fast überall auf der Welt verbreitet. Nur in Australasien und in der Antarktis wurden sie erst vom Menschen eingebürgert (S. 36–37).

Vielfarbiges Fell

Kleine, rundliche Ohren

EIN SCHAKAL KOMMT SELTEN ALLEIN
Alle Schakalarten (S. 24–25) – Gold-, Schabracken- und Streifenschakal – leben in Afrika. Den Goldschakal findet man jedoch auch in Teilen Europas und Asiens. Schakale leben und jagen in Paaren, die meist in lebenslanger Ehe beisammen bleiben.

Goldschakal

Lunte

ROTER EINZELGÄNGER
Der Rotfuchs geht ganz allein auf die Jagd nach Hasen und Nagetieren. Das unterscheidet Füchse von den meisten anderen Hunden (S. 18–19). Das auffälligste Erkennungszeichen der Füchse ist ihr buschiger Schwanz, die Lunte.

Rotfuchs

HUNDEGALERIE
Dieses Bild zeigt nur einige der 400 Haushundrassen (S. 48–61). Trotz aller Unterschiede in Größe, Gestalt und Farbe besitzen alle Rassen des Haushunds einen gemeinsamen Vorfahren: den Wolf, der vor etwa 12 000 Jahren erstmals vom Menschen gezähmt wurde (S. 8–9).

WARME FÜSSE
Bei Ordensleuten im Mittelalter fanden Hunde sogar als Fußwärmer Verwendung. Dieses Buntglasfenster einer englischen Kirche zeigt die biblischen Gestalten Tobias und Sarah mit einem Hund, der ihnen die Füße wärmt.

Die unteren Reißzähne sind bei dieser Art ungewöhnlich flach.

DER GRÖSSTE WILDE
Der Wolf (S. 22–23) ist die größte wilde Hundeart und der Vorfahr aller Haushunde (S. 48–61). Er lebt und jagt in Rudeln und hat das ausgeprägteste Sozialleben unter den Hundeartigen.

Wolf

Dieser Wolf besitzt ein dickes, graues Fell. Es gibt auch weiße, rote, braune und schwarze Wölfe.

WILDER AFRIKANER
Der Afrikanische Wildhund ist ein ausgeprägter Rudeljäger. Er bewohnt die afrikanischen Steppen. Doch heute ist dieser an eine Hyäne erinnernde Hund vom Aussterben bedroht. Krankheiten, Bejagung und die Zerstörung seines Lebensraums haben die Wildhundbestände schon stark dezimiert.

Afrikanischer Wildhund

Das Gebiss unterscheidet sich von dem der Hundeartigen.

Aufgrund der kurzen Hinterbeine haben die Hyänen eine geduckte Haltung.

Diese Streifenhyäne lebt in Afrika und Westasien. Hyänen sind Jäger und Aasfresser mit einem sehr kräftigen Gebiss.

Vorderbeine länger als Hinterbeine

Der ausgestorbene tasmanische Beutelwolf sah einem Hund recht ähnlich, doch er war ein Beuteltier und somit näher mit dem Känguru als mit einem Hund verwandt.

Rundliche Ohren

Der Beutelwolf konnte nicht nach Hundeart mit dem Schwanz wedeln.

Keine Hunde!
Hyänen bilden eine eigene Raubtierfamilie und sind näher mit den Katzen als mit den Hunden verwandt. Der Beutelwolf gehört noch nicht einmal zur Ordnung Raubtier. Er war ein Beuteltier. Präriehunde sind Nagetiere aus Nordamerika und mit Murmeltieren und Eichhörnchen verwandt.

Präriehunde sind soziale Nagetiere. Sie leben in gemeinschaftlichen Gangsystemen.

Entwicklungsgeschichte

Aus einem Puzzle von Fossilfunden – oft liegen nur Zähne oder Kieferbruchstücke vor – versuchen Wissenschaftler die Stammesgeschichte der Tiere zu rekonstruieren. Bei den oft spärlichen Funden verwundert es nicht, dass sich die Theorien oft als falsch erweisen und auch unsere heutige Vorstellung ist sicherlich nicht vollkommen richtig. Als Stammgruppe aller Raubtiere gelten die über 50 Millionen Jahre alten Miacidae. Unter ihnen besitzt *Cynodictis* einige hundeähnliche Merkmale. Urahn der Hundeartigen ist *Hesperocyon*, der vor 30 Millionen Jahren (im Oligozän) in Nordamerika lebte. Über *Tomarctus* führte eine Entwicklungslinie zu den ausgestorbenen, wahrscheinlich aasfressenden Urgroßhunden. Die Hundeartigen als eine andere Linie eroberten von Nordamerika aus fast alle Erdteile und spalteten sich in die heute bekannten Arten auf. Der Wolf entstand vor etwa 300 000 Jahren in der Alten Welt. Vor 12 000 Jahren begannen Menschen damit, aus Wölfen Haushunde zu züchten.

HUNDSSTERN
Der hellste Stern am südlichen Sternenhimmel ist der Hundsstern (Sirius) im Sternbild des Großen Hundes.

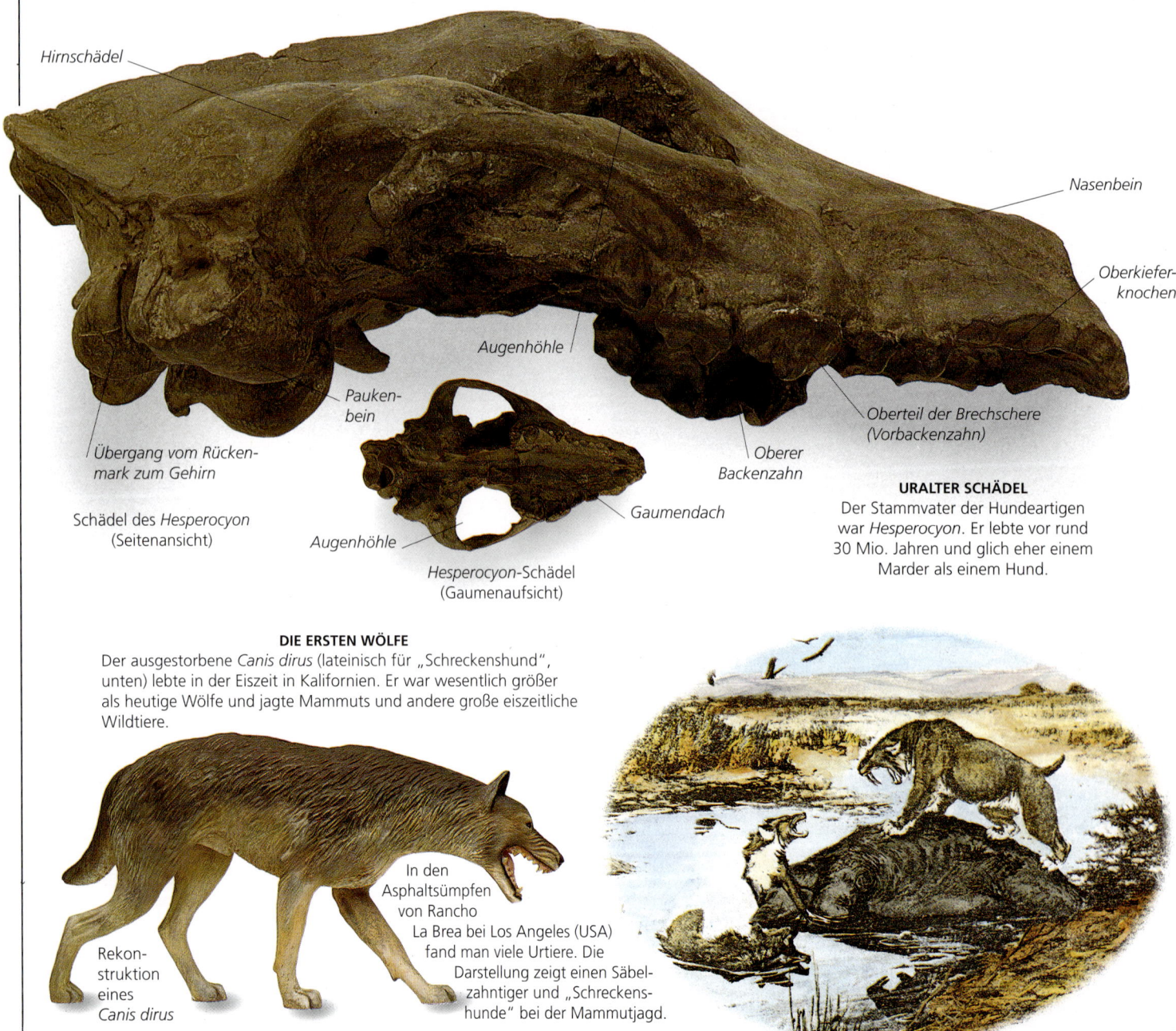

Hirnschädel

Nasenbein

Oberkieferknochen

Augenhöhle

Pauken-bein

Oberteil der Brechschere (Vorbackenzahn)

Übergang vom Rückenmark zum Gehirn

Oberer Backenzahn

URALTER SCHÄDEL
Der Stammvater der Hundeartigen war *Hesperocyon*. Er lebte vor rund 30 Mio. Jahren und glich eher einem Marder als einem Hund.

Schädel des *Hesperocyon* (Seitenansicht)

Augenhöhle

Gaumendach

Hesperocyon-Schädel (Gaumenaufsicht)

DIE ERSTEN WÖLFE
Der ausgestorbene *Canis dirus* (lateinisch für „Schreckenshund", unten) lebte in der Eiszeit in Kalifornien. Er war wesentlich größer als heutige Wölfe und jagte Mammuts und andere große eiszeitliche Wildtiere.

In den Asphaltsümpfen von Rancho La Brea bei Los Angeles (USA) fand man viele Urtiere. Die Darstellung zeigt einen Säbelzahntiger und „Schreckenshunde" bei der Mammutjagd.

Rekonstruktion eines *Canis dirus*

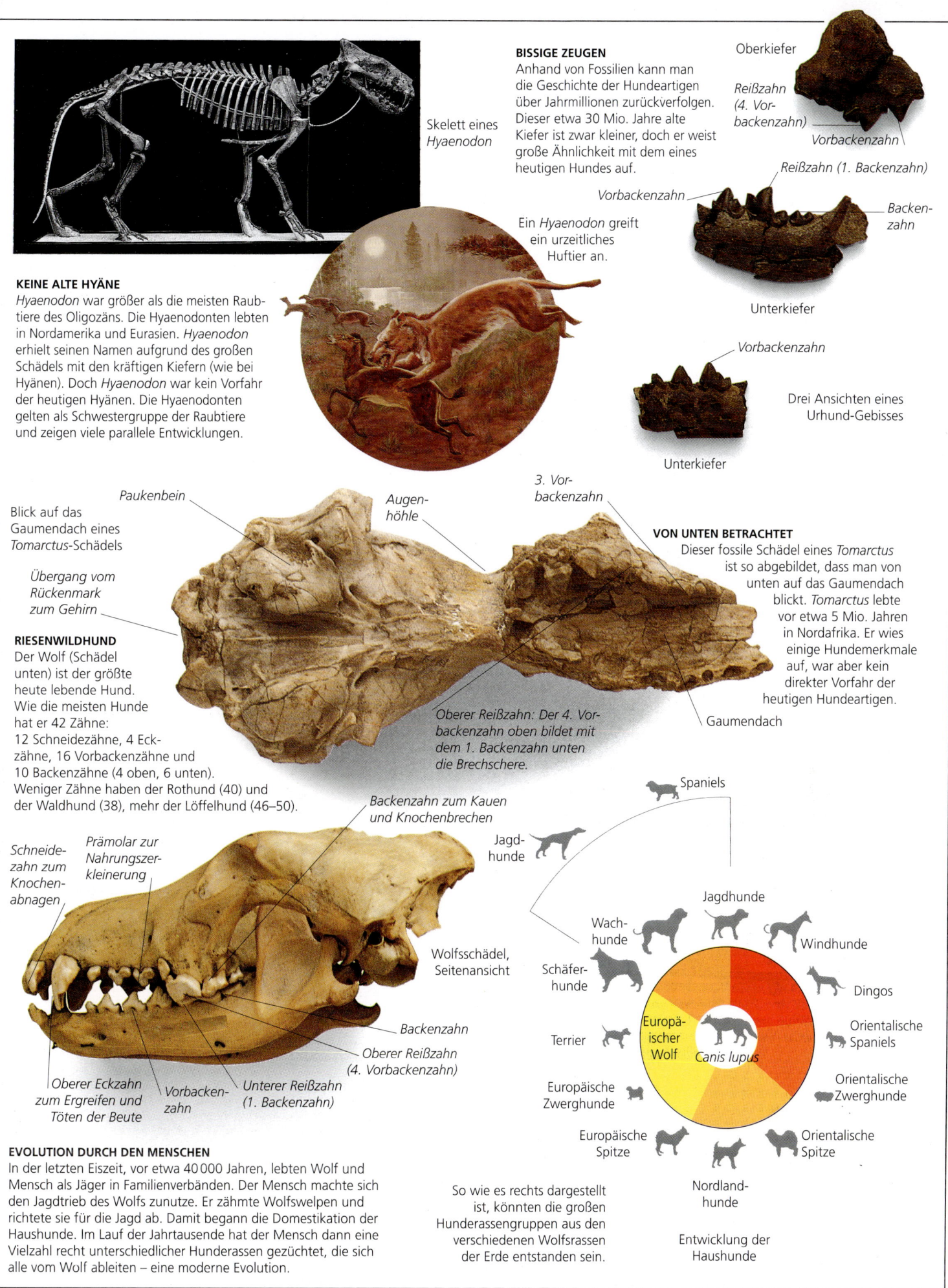

BISSIGE ZEUGEN
Anhand von Fossilien kann man die Geschichte der Hundeartigen über Jahrmillionen zurückverfolgen. Dieser etwa 30 Mio. Jahre alte Kiefer ist zwar kleiner, doch er weist große Ähnlichkeit mit dem eines heutigen Hundes auf.

Oberkiefer

Reißzahn (4. Vor-backenzahn)

Vorbackenzahn

Reißzahn (1. Backenzahn)

Vorbackenzahn

Backen-zahn

Unterkiefer

Skelett eines *Hyaenodon*

Ein *Hyaenodon* greift ein urzeitliches Huftier an.

Vorbackenzahn

Drei Ansichten eines Urhund-Gebisses

Unterkiefer

KEINE ALTE HYÄNE
Hyaenodon war größer als die meisten Raubtiere des Oligozäns. Die Hyaenodonten lebten in Nordamerika und Eurasien. *Hyaenodon* erhielt seinen Namen aufgrund des großen Schädels mit den kräftigen Kiefern (wie bei Hyänen). Doch *Hyaenodon* war kein Vorfahr der heutigen Hyänen. Die Hyaenodonten gelten als Schwestergruppe der Raubtiere und zeigen viele parallele Entwicklungen.

Paukenbein

Blick auf das Gaumendach eines *Tomarctus*-Schädels

Augen-höhle

3. Vor-backenzahn

VON UNTEN BETRACHTET
Dieser fossile Schädel eines *Tomarctus* ist so abgebildet, dass man von unten auf das Gaumendach blickt. *Tomarctus* lebte vor etwa 5 Mio. Jahren in Nordafrika. Er wies einige Hundemerkmale auf, war aber kein direkter Vorfahr der heutigen Hundeartigen.

Übergang vom Rückenmark zum Gehirn

RIESENWILDHUND
Der Wolf (Schädel unten) ist der größte heute lebende Hund. Wie die meisten Hunde hat er 42 Zähne: 12 Schneidezähne, 4 Eckzähne, 16 Vorbackenzähne und 10 Backenzähne (4 oben, 6 unten). Weniger Zähne haben der Rothund (40) und der Waldhund (38), mehr der Löffelhund (46–50).

Oberer Reißzahn: Der 4. Vorbackenzahn oben bildet mit dem 1. Backenzahn unten die Brechschere.

Gaumendach

Backenzahn zum Kauen und Knochenbrechen

Spaniels

Prämolar zur Nahrungszerkleinerung

Jagd-hunde

Jagdhunde

Schneide-zahn zum Knochen-abnagen

Wach-hunde

Windhunde

Wolfsschädel, Seitenansicht

Schäfer-hunde

Dingos

Europäischer Wolf

Canis lupus

Orientalische Spaniels

Terrier

Orientalische Zwerghunde

Backenzahn

Oberer Reißzahn (4. Vorbackenzahn)

Europäische Zwerghunde

Orientalische Spitze

Oberer Eckzahn zum Ergreifen und Töten der Beute

Vorbacken-zahn

Unterer Reißzahn (1. Backenzahn)

Europäische Spitze

Nordland-hunde

EVOLUTION DURCH DEN MENSCHEN
In der letzten Eiszeit, vor etwa 40 000 Jahren, lebten Wolf und Mensch als Jäger in Familienverbänden. Der Mensch machte sich den Jagdtrieb des Wolfs zunutze. Er zähmte Wolfswelpen und richtete sie für die Jagd ab. Damit begann die Domestikation der Haushunde. Im Lauf der Jahrtausende hat der Mensch dann eine Vielzahl recht unterschiedlicher Hunderassen gezüchtet, die sich alle vom Wolf ableiten – eine moderne Evolution.

So wie es rechts dargestellt ist, könnten die großen Hunderassengruppen aus den verschiedenen Wolfsrassen der Erde entstanden sein.

Entwicklung der Haushunde

Hundeknochen

Wie alle Wirbeltiere haben auch Hunde ein Innenskelett, das den Körper stützt und als Stabilisierung für die Muskulatur dient. Die Schädelknochen schützen das Gehirn und die Sinnesorgane (Zunge, Nase, Augen und Ohren). Das Rückgrat mit den Rippen hält die Eingeweide. Schulter- und Hüftgelenke ermöglichen die Beweglichkeit der Beine. Die Knochen sind miteinander und mit der Muskulatur durch Sehnen und Bänder verbunden. Gemeinsamkeiten und Unterschiede im Knochenbau werden vielfach benutzt, um Verwandtschaftsbeziehungen aufzuklären. So haben alle Hundeartigen eine lange Schädelform und große Zähne. Wie bei allen Raubtieren sind die oberen Eckzähne sehr stark ausgebildet und der erste Backenzahn unten bildet mit dem vierten Vorbackenzahn oben eine Brechschere zum Abreißen von Fleischbrocken. Die Beine der Hunde sind meist lang und an schnelles, ausdauerndes Laufen angepasst, wie es für Hetzjagden nötig ist.

ARMER HUND
Der Hund dieser armen Frau macht umsonst Männchen. Sie hat weder Fleisch noch Knochen für ihn.

Am riesigen oberen Brechscherenzahn erkennt man den Wolf.

DER GRÖSSTE
Abgesehen von einigen riesigen Haushunden ist der Wolf der größte Hund.

Alaska-Tundrawolf

Halswirbel

Brustbein

AFRIKANISCHER JÄGER
Der Afrikanische Wildhund (S. 26–27) hat besonders lange Beine. Er kann damit weit und ausdauernd laufen.

Afrikanischer Wildhund

Ellbogen

Speiche

Elle

Rotfuchs

KLEINER ROTER
Die im Vergleich zum Wolf recht kurzen Beine des Rotfuchses eignen sich gut, um damit durchs Gebüsch zu schleichen.

Becken

Schienbein

Speiche

Ellbogengelenk

Elle

Ferse

Skelett eines Afrikanischen Wildhundes

Skelett eines Rotfuchses

Unterkiefer

Schultergelenk

Brustbein

Mittelhandknochen

Skelett eines Malteser

WATTEBAUSCH
Der kleine Malteser sieht einem Wolf gar nicht mehr ähnlich. Doch er besitzt ein „Miniaturwolfsskelett".

Rundlicher Kopf

Der Hals ist kurz, hat aber auch sieben Wirbel.

Malteser

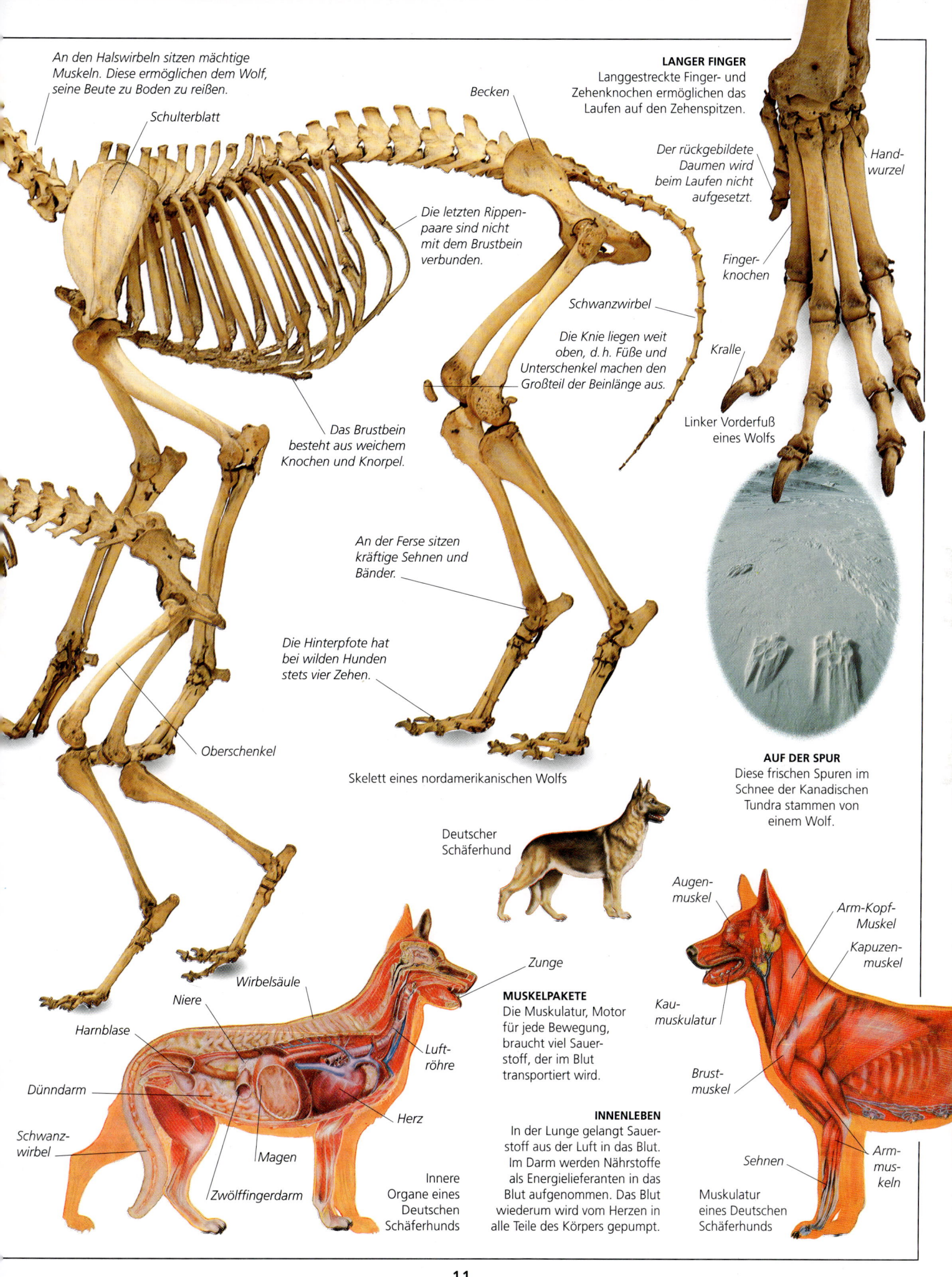

An den Halswirbeln sitzen mächtige Muskeln. Diese ermöglichen dem Wolf, seine Beute zu Boden zu reißen.

Schulterblatt

Becken

LANGER FINGER
Langgestreckte Finger- und Zehenknochen ermöglichen das Laufen auf den Zehenspitzen.

Der rückgebildete Daumen wird beim Laufen nicht aufgesetzt.

Hand-wurzel

Die letzten Rippen-paare sind nicht mit dem Brustbein verbunden.

Finger-knochen

Schwanzwirbel

Die Knie liegen weit oben, d. h. Füße und Unterschenkel machen den Großteil der Beinlänge aus.

Kralle

Das Brustbein besteht aus weichem Knochen und Knorpel.

Linker Vorderfuß eines Wolfs

An der Ferse sitzen kräftige Sehnen und Bänder.

Die Hinterpfote hat bei wilden Hunden stets vier Zehen.

Oberschenkel

Skelett eines nordamerikanischen Wolfs

AUF DER SPUR
Diese frischen Spuren im Schnee der Kanadischen Tundra stammen von einem Wolf.

Deutscher Schäferhund

Augen-muskel

Arm-Kopf-Muskel

Kapuzen-muskel

Zunge

MUSKELPAKETE
Die Muskulatur, Motor für jede Bewegung, braucht viel Sauer-stoff, der im Blut transportiert wird.

Kau-muskulatur

Wirbelsäule

Niere

Luft-röhre

Brust-muskel

Harnblase

Dünndarm

Herz

INNENLEBEN
In der Lunge gelangt Sauer-stoff aus der Luft in das Blut. Im Darm werden Nährstoffe als Energielieferanten in das Blut aufgenommen. Das Blut wiederum wird vom Herzen in alle Teile des Körpers gepumpt.

Schwanz-wirbel

Magen

Zwölffingerdarm

Innere Organe eines Deutschen Schäferhunds

Sehnen

Arm-mus-keln

Muskulatur eines Deutschen Schäferhunds

Fell und Profil

Bei den Hundeartigen gibt es große Unterschiede bezüglich der Länge und Farbe des Fells. In kalten Gebieten braucht ein Hund ein dichteres und dickeres Fell, das ihn warm hält, in heißen Ländern ist ein kürzeres Fell angebracht. Das Hundefell besteht aus zwei Haartypen: der meist einfarbigen Unterwolle und dem längeren, drahtigeren Deckhaar. Die Deckhaare oder Grannenhaare sind durch Hautfette wasserabweisend und bestimmen die Farbe und Zeichnung des Fells. Die Fellfarben bestehen aus Abstufungen von Weiß, Schwarz und Braun. Alle Wildhunde haben langgestreckte Schädel mit spitzen Ohren und einer langen Schnauze mit kräftigen Zähnen. Sie haben lange Ruten oder lange, buschige Luntenschwänze und oft weiße oder schwarze Schwanzspitzen. Der lange Schwanz dient oft als Balancierstange beim Laufen. Aufgerichtet ist er ein Signal für andere Rudelmitglieder. Besonders wichtig ist er als Stimmungsbarometer (freudiges Wedeln, ängstliches Einziehen). Nach oben stehende oder kurze Schwänze sind bei Haushunden angezüchtete Merkmale.

PELZMÄNTEL
Früher mussten die Menschen sich im Winter in Tierfelle hüllen, wenn sie nicht frieren wollten. Doch heute ist das nicht mehr nötig. Es gibt genug Natur- und Kunstfasern, aus denen wir Kleidung herstellen können, ohne dabei Tierarten an den Rand der Ausrottung zu bringen.

Die Schwänze vieler Haushunde, hier eines Australian Terriers (S. 52–53) sind gestutzt (kupiert), damit sie nach oben stehen. Das Kupieren von Schwänzen ist in Deutschland seit 1998 verboten.

Der Graufuchs (S. 28–29) hat ein charakteristisches weiches, graues Fell.

Der Schwanz des Rotfuches (S. 28–29) ist rot und buschig. Er endet stumpf und wird als Lunte bezeichnet.

Der Sandfuchs (S. 30–31) hat ein feines, dichtes Fell.

Beim Berner Sennenhund sind Körper und Schwanz lang und warm behaart.

Der Afrikanische Wildhund (S. 26–27) hat ein kurzes Fell.

Drahtiges Fell eines Rauhaardackels

Dackel (S. 48–49) gibt es als langhaarige Zuchtform oder als rauhaarige (ganz rechts).

Beim Dalmatiner (S. 54–55) ist sogar der Schwanz gepunktet.

Der langbehaarte Schwanz des Riesenschnauzers ist kupiert (kurz geschnitten).

HAARAUSFALL
Die meisten Hunde wechseln ihr Fell im Frühling und im Herbst, sodass sie im Sommer ein dünneres Sommerfell und im Winter ein wärmendes Winterfell haben.

Hirnschädel

Große Augenhöhle

Oberkiefer

Sehr großer Kopf

HUNDEAHN
Wölfe haben eine lange Schnauze.

Paukenbein

Eckzahn

Japanischer Spaniel, Seitenansicht

Unterkiefer

JAPAN-TSCHIN
Auch dieser kleine Japanische Spaniel mit seinem rundlichen Kopf und kurzen, nach oben gekrümmten Kiefern stammt vom Wolf ab.

Augenhöhle

Oberer Brechscheren- zahn

Eckzahn

Schneidezähne

Harter Gaumen

Paukenbein

Jochbogen

Aufsicht auf das Gaumendach eines Japan- Tschin

Alaska- Tundrawolf

Gute Spürnase

SPÜRHUND
Der Bluthund hat einen geraden Kopf ohne lange Schnauze. Mit seiner guten Nase ist er ein hervorragender Spürhund.

Löffelhund-Schädel, Gaumenansicht

Kleine Backenzähne: Anpassung an Insektennahrung

Bluthund

Gerade Schnauze

Schneide- zahn

MEHR ZÄHNE
Der Löffelhund hat kleinere und mehr Zähne als die anderen Hunde (4–8 mehr als die üblichen 42). Trotz- dem hat er einen Hundekopf.

Harter Gaumen

Foxterrier

Jochbein

GERADE SCHNAUZE
Der Foxterrier hat einen langen, flachen Schädel ohne deutlichen Knick zwischen Stirn und Schnauze.

Hirnkapsel

Nasal- region

Pekinese

Platte Schnauze

Paukenbein

Schneidezahn

PEKINESE
Hängeohren und eine extrem plattgedrückte Schnauze charakterisieren diese jahrtausendealte chinesische Rasse.

Eckzahn

Löffelhund, Seitenansicht

Unterkiefer

Augen und Ohren

Wie beim Wolf so sind auch bei allen Haushunden die Sinnesorgane an ein Leben als Rudeltier und Hetzjäger angepasst. Doch bei den einzelnen Haushundrassen hat der Mensch durch Zuchtwahl und Kreuzung von Hunden mit ganz bestimmten Eigenschaften manche Sinne noch besonders hochgezüchtet. So wählte man zum Beispiel bei den Windhunden immer die Welpen mit den besten Augen für die weitere Zucht aus, sodass heute alle Windhunde besser sehen als ein Wolf und sich im Gegensatz zu den anderen Hunden bei der Jagd hauptsächlich auf die Augen verlassen. Ein Unterschied aller Haushunde zum Wolf ist, dass die Augen bei praktisch allen Rassen weiter vorn stehen als beim Wolf. Wölfe und Haushunde hören zwar gut, aber bei Weitem nicht so gut wie Füchse. Denn Füchse jagen bei Dunkelheit und da er nicht viel sehen kann, muss er umso besser hören können.

AUFS JAGDHORN
Jagdhunde hören nicht nur aufs Wort, sondern auch auf Jagdhornsignale.

HUNDEPFEIFE
Hunde hören die hohen Töne einer Hundepfeife, die wir Menschen meist nicht wahrnehmen können.

Das dichte Fell wärmt den Fennek in den kalten Wüstennächten.

OHREN GESPITZT
Der Hund dreht die aufgestellten Ohren in alle Richtungen, um eine Geräuschquelle anzupeilen.

Das dichte Fell reflektiert die Sonnenstrahlen am Tag – wie helle Sommerkleidung.

WÜSTENFUCHS
Der Fennek ist der kleinste Fuchs. Er jagt bei Nacht in der Sahara und in der Arabischen Wüste kleine Tiere jeder Art. Sein Fell schützt vor der Hitze des Tages und der Kälte der Nacht.

Die riesigen Ohren dienen der Abkühlung und fangen gleichzeitig wie eine Antenne die leisesten Geräusche ein.

Ohrmuschel

Pelzige äußere Ohrmuschel

Ohrmuskel

Gehirn

Gehörgang

Gehörknöchelchen

Drüsen

Paukenhöhle

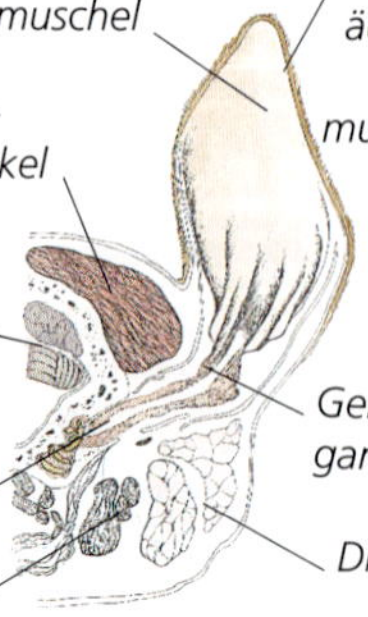

GANZ OHR
Alle wilden Hunde haben stehende Ohren, mit denen sie Geräuschquellen orten können.

Am Bauch ist das Fell wie bei fast allen Raubtieren heller als am übrigen Körper.

RUSSISCHER WINDHUND
Der Barsoi (S. 46–47) wurde wegen seiner guten Augen in Arabien als Jagdhund gehalten. In Russland setzte man ihn später bei der Wolfsjagd ein.

Die großen Augen sind nach vorn gerichtet. Dadurch kann der Barsoi wahrscheinlich räumlich sehen – wie wir.

Pupille
Oberes Augenlid
Iris
Unteres Lid
Nickhaut

AUGEN IN AUGE
Der Hund besitzt ein „drittes Augenlid", die Nickhaut, die den Augapfel vor Staub und Schmutz schützt.

SCHAKALKÖPFIGER MUMIENGOTT
Der Gott Anubis überwachte im alten Ägypten das Einbalsamieren und wog die Herzen der Toten aus.

Windhunde tragen bei Rennen meist einen Maulkorb.

SCHNELL WIE DER WIND
Dieser Große Englische Windhund wartet auf den Startschuss zum Hunderennen. Beim Rennen verfolgt er eine Hasenattrappe, als sei sie ein lebendiger Hase, den es zu jagen gilt.

Windhunde haben einen spitzen „Fang" (Maul).

WOLF MIT MÄHNE
Der Mähnenwolf lebt in den Savannen Südamerikas. Mit seinen großen Ohren nimmt er das leiseste Geräusch im langen Gras wahr.

Hunde-halsband

AUF DER JAGD
Dieses Rudel Afrikanischer Wildhunde jagt eine Antilope. Mit ihren Augen verfolgen sie jede Regung der Beute. Mit den Ohren hören sie die Verständigungslaute ihrer Artgenossen und andere Räuber, die ihnen die Beute streitig machen wollen.

WACHHUND
Dieser Hund – eine antike römische Statue – schaut und lauscht, ob keine Einbrecher kommen.

Spürhunde

Bei allen Hundeartigen ist der Geruchssinn wesentlich besser ausgeprägt als beim Menschen. Sie leben in einer Riechwelt und nicht, wie wir, in einer Bilderwelt. Während der Mensch als „Augentier" die Gegenstände in einem Raum anhand ihres Aussehens erkennt und in Erinnerung behält, erinnert sich der Hund an unterschiedliche Gerüche. Er ist ein „Nasentier". Bei allen wilden Hunden, beim Wolf ebenso wie bei den Füchsen, ist der Geruchssinn der am höchsten entwickelte Sinn und dient hauptsächlich zur Orientierung bei der Jagd und zum Erkennen von Reviergrenzen. Ein Hund kann am Geruch eines anderen Tiers erkennen, ob es Angst hat oder sich freut. In der langen Hundeschnauze befinden sich dünnwandige, gekammerte Knochenhöhlen, deren Kammern mit empfindlichen Geruchsrezeptoren überzogen sind. Bei den Haushundrassen hat der Mensch bestimmte Sinnesorgane bevorzugt herausgezüchtet. So können Spür- oder Schweißhunde („Schweiß" nennt der Jäger das Blut eines angeschossenen Tiers) wie der Bluthund die feinste Geruchsspur verfolgen, sind aber recht kurzsichtig.

VORSTEHHUND
Der Pointer schnuppert am Boden entlang und zeigt mit seiner Schnauze auf das aufgespürte Wild (S. 50–51).

WER BIST DU?
Der Duft der Analdrüse direkt unter dem Schwanz ist eine Art Visitenkarte.

Hunde mit Hängeohren können nicht so gut hören wie solche mit Stehohren.

Saluki

Dalmatiner

TRÜFFELJAGD
Trüffeln sind unterirdisch wachsende Pilze, die als Delikatesse gelten. In Frankreich richtet man Hunde dazu ab, sie mit ihrer feinen Nase aufzuspüren.

Mit der Nase am Boden verfolgt der Hund eine Duftspur.

FETTE BEUTE
Normalerweise greift ein Fuchs kein Schaf an. Doch wenn das Tier im Sterben liegt, ist es eine leichte Beute.

Nasenhöhle mit papierdünnen Kammerwänden

Neben-höhlen

Hirn-kapsel

Nase

Lippe

Gaumen

RIECHORGAN
Die Oberfläche der Nasenhöhle wird durch dünne Knochenlamellen (Turbinalia) vergrößert. Sie sind bedeckt von der Riechschleimhaut, deren empfindliche Sinneszellen Informationen über den Riechnerv zum Gehirn senden.

ZWERGDACKELNASE
Wie alle Hunde hat dieser kleine Dackel eine lederartige Nase mit zwei Nasenlöchern, durch die die Duftstoffe eingesogen werden.

Mit seinem guten Geruchssinn findet der Löffelhund schnell Nahrung.

Auf der Jagd ...

...erlebt man manchmal...

...Überraschungen.

Muskulöse Schenkel und kräftige Läufe: Kennzeichen eines ausdauernden Jagdhunds

BEAGLE
Schweißhunde wie dieser Beagle besitzen besonders feine Nasen. Die Ohren dagegen sind nicht so gut wie z. B. beim Deutschen Schäferhund. Aufgrund ihrer feinen Nase können diese Spürhunde Kleinwild wie Hasen, Fasane oder Wachteln verfolgen. Sie lassen sich dabei nicht von Geräuschen ablenken.

LÖFFELHUND
Der Löffelhund ernährt sich von kleinen Tieren und Früchten. Mit seiner feinen Nase erschnüffelt er sogar Beute unter der Erde.

ENGLISCHER SETTER
Wie der Pointer ist der Setter ein Vorstehhund, der Wildfährten verfolgt und anzeigt, wo das Wild steht, ohne Laut zu geben.

Verhalten

Angelegte Ohren sind ein Zeichen der Angst – oder versteckter Angriffslust.

Nach dem Jagdverhalten unterscheidet man bei den Hunden zwei Gruppen: die Einzeljäger und die Rudeljäger. Die Einzeljäger – die Füchse und die südamerikanischen Wildhunde – leben außerhalb der Paarungszeit allein. Wölfe, Schakale, Kojoten, Afrikanische Wildhunde, die Rothunde aus Asien und der Haushund als Abkömmling des Wolfs gehören zu den Rudeljägern. Das Rudel ist eine große Familie, in der die älteren und stärkeren Tiere den Ton angeben. Die Jungtiere müssen sich unterordnen, bis sie stark genug sind, um im Rudel aufzusteigen oder selbst ein neues Rudel zu gründen. In einem Rudel kennt jedes Tier die Rangordnung: Es weiß genau, wer ihm über- und unterlegen ist. Um den Rang im Rudel zu behaupten oder zu verbessern, werden Kämpfe ausgetragen. Doch obwohl es sich z. B. bei Wölfen um Raubtiere handelt, die andere Tiere mit Leichtigkeit töten können, gibt es bei den Rangordnungskämpfen selten Tote. Verletzte Tiere werden sogar von den anderen gefüttert.

Mit aufgestellten Ohren und lachendem Gesicht zeigt der Hund seine gute Laune.

Hundemischling

BESCHNUPPERN
Der starke, überlegene Wolf links begrüßt den schwächeren Rudelgenossen rechts.

Angelegte Ohren zeigen Angst oder Aggression.

Der eingezogene Schwanz: eine unterwürfige Haltung

Das fest geschlossene Maul zeigt Anspannung.

Deutscher Schäferhund

KÖRPERSPRACHE
Mit Mimik und Gestik können Hunde alles zum Ausdruck bringen, was sie einander zu sagen haben.

DREI FREUNDE
Dieses Bild von John Charlton (1849–1917) zeigt drei Hunde unbestimmbarer Rasse beim gemeinsamen Spiel im Schnee.

Die geduckte Haltung verrät Sprungbereitschaft.

Die gespitzten Ohren – ein Zeichen für Wachsamkeit

Einzeljäger

Füchse wie dieser amerikanische Graufuchs jagen und töten ihre Beute allein. Deshalb zeigen sie keine derart komplizierten sozialen Verhaltensformen wie Rudeljäger. Ein Fuchs kann nicht so aussagekräftig mit dem Schwanz wedeln und auch seine Ohren sind nicht so beweglich wie die eines Wolfs. Doch ein Fuchs, der Angst hat, hockt sich hin und macht sich klein und ein zorniger Fuchs richtet sich zu voller Größe auf, um gefährlicher zu erscheinen.

Graufuchs (Baumfuchs)

Rangordnungskampf zwischen
zwei Wölfen

Rudeljäger

Der Afrikanische Wildhund und andere Rudeljäger
müssen nicht nur genug Fleisch für die ganze
Familie erjagen, sie müssen es auch gegen
andere Räuber wie Großkatzen oder Hyänen
verteidigen. Doch ihr größter Nahrungs-
konkurrent und größter Feind
ist und war der Mensch. Den
Wolf hat der Mensch in
weiten Teilen Europas
und Asiens ausge-
rottet und auch
der Afrikanische und der Asiatische Wildhund sind vom Aussterben bedroht. Nur
die kleineren und anpassungsfähigeren
Arten wie Schakale und Kojoten sind noch
nicht gefährdet.

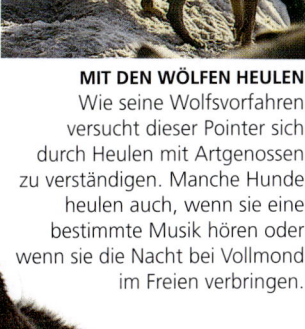

MIT DEN WÖLFEN HEULEN
Wie seine Wolfsvorfahren
versucht dieser Pointer sich
durch Heulen mit Artgenossen
zu verständigen. Manche Hunde
heulen auch, wenn sie eine
bestimmte Musik hören oder
wenn sie die Nacht bei Vollmond
im Freien verbringen.

KLEINER CHEF
Dieser Norfolk-
Terrier ist zwar
kleiner als der
Dalmatiner,
doch er hat die
stärkere Per-
sönlichkeit
und zeigt,
dass er der
Boss ist.

*Der Dalmatiner
wendet den
Kopf ab, ein
Zeichen der
Angst.*

*Die sichere
Haltung des
Terriers zeigt,
dass er sich
überlegen
fühlt.*

Dalmatiner

Norfolk-Terrier

Pointer

KAMPF UMS ESSEN
Afrikanische Wildhunde
fressen von ihrer Beute
so viel wie möglich auf
einmal. Sie würgen einen
Teil davon für die Jungen
und andere Rudelmit-
glieder aus, die sich
um diese vorverdaute
Nahrung reißen.

**HUNDE SIND AUCH
NUR MENSCHEN**
Diese Karikatur
von J. J. Granville
(1859) nimmt ähn-
liches Verhalten
bei Mensch
und Hund
aufs Korn.

Welpen

Die Neugeborenen aller Hundearten gleichen einander sehr. Sie sind klein, hilflos und blind, sie besitzen ein kurzes Fell, kurze Beine und einen kurzen Schwanz. Ein Wurf kann zwei bis zwölf Welpen umfassen. Sie werden – wie alle Säugetiere – von ihrer Mutter mit Milch gesäugt. Nach einigen Tagen (bei Haushunden sind es etwa neun) öffnen die Kleinen die Augen, sie beginnen Geräusche wahrzunehmen und bald brauchen sie festere Nahrung. Auch für die feste Nahrung sorgt die Mutter – bei Rudeltieren meist die ganze Großfamilie. Die Alttiere würgen für die Welpen Fleisch aus, das sie kurz vorher gefressen haben. Eine Hundemutter, die vor ihren Kindern würgt, ist also nicht krank, sondern sie versorgt die Jungen mit Babynahrung. In freier Natur bringen Hundemütter ihre Jungen in einer Höhle, einem Erdbau oder einer geschützten Bodenmulde zur Welt. Auch Haushunde brauchen einen warmen, dunklen Platz zum Gebären – etwa 63 Tage nach der Paarung.

HASENBRATEN
Diese Fuchsmutter bringt ihren Jungen, die schon aus ihrem Bau schauen, ein Kaninchen.

Vier Wochen alte Deutsche Doggenwelpen …

… kämpfen spielerisch miteinander.

SPIELEND LERNEN
Alle Welpen brauchen Platz zum Spielen. Sie brauchen Bewegung, um sich zu entwickeln, und sie müssen soziale Verhaltensweisen einüben – gegenüber anderen Hunden und gegenüber dem Menschen. Diese vier Wochen alten Deutschen Doggenwelpen üben sich im Umgang miteinander.

Einer versucht die Oberhand zu gewinnen.

KLEINE RIESEN
Die Welpen einer Deutschen Dogge (oben und rechts) stellen die gleichen Ansprüche wie Pekinesen- oder Wolfswelpen. Doch wenn sie größer werden, brauchen so riesige Hunde viel gutes Fleisch, dazu Kalzium, Vitamine und große Knochen zum Nagen. Sie benötigen viel Platz, um sich auszutoben und ihren Körper zu trainieren.

6 Wochen alte Deutsche Doggenwelpen

Sie vertragen sich wieder.

SÄUGENDE MUTTER
Diese Wölfin säugt ihre Jungen. Doch wenn die Wolfswelpen mit einigen Wochen ihre ersten Milchzähne bekommen und die Mutter kneifen, werden sie entwöhnt und mit ausgewürgtem Fleisch gefüttert.

HUNDESCHULE
Diese beiden Afrikanischen Wildhundwelpen lernen wie andere Hunde im Spiel, wie sie sich später verhalten müssen. Die Hetzjagd kann nur erfolgreich sein, wenn das Verhalten geübt und aufeinander abgestimmt ist.

Schwangere Hündin (Bronzefigur aus Griechenland, 5. Jh. v. Chr.)

5 Monate alter Labradorwelpe

6 Monate alter Dalmatiner

RANGELEI
Diese beiden Welpen balgen sich. Der etwas ältere Dalmatiner ist dem Labrador überlegen. In wenigen Monaten aber könnte das Spiel der Halbwüchsigen zu einem ernsthaften Machtkampf werden.

KINDERTRANSPORT
Bei allen Hundearten tragen die Mütter – manchmal auch die Väter – die Jungen bei Gefahr an einen sicheren Ort. Dazu packen sie die Welpen mit den Zähnen vorsichtig an einer Hautfalte im Genick.

WOLFSAMME
Der Sage nach wurde Rom 753 v. Chr. von den Zwillingen Romulus und Remus gegründet, die als Säuglinge von einer Wölfin aufgezogen worden waren.

Leitwolf

LEITWOLF VORAN
Dieses Wolfsrudel folgt seinem Leitwolf auf der Suche nach Beute durch den Wald. Europäische Wölfe jagen, was sie finden, vom Elch bis zur Maus. Wenn Nahrung knapp ist, fressen sie auch Insekten und Beeren. Wölfe durchstreifen große Reviere von bis zu 1000 km². Die Rudel können bis zu 20 Tiere stark sein.

Neben den Wölfen sind drei Raubtierarten durch die Bildung von Jagdgemeinschaften zu erfolgreichen Großwildjägern geworden und können größere Tiere besser erlegen, als es ein einzelnes Rudeltier könnte: Löwen, Hyänen und Wildhunde. Für die erfolgreiche Gruppenjagd sind die Zusammenarbeit der Rudelmitglieder und ganz bestimmte Taktiken notwendig, sodass sich das Jagdverhalten der Rudeljäger ähnelt. Auch die Jagdstrategien der frühen Menschen müssen ähnlich gewesen sein. Die Jagdreviere werden gegenüber fremden Rudeln abgegrenzt. Das Wolfsgeheul ist eine Art der Reviermarkierung. Im Wolfsrudel selbst gibt es eine strenge Rangordnung. Wer dagegen verstößt, riskiert ausgestoßen zu werden. Es paaren sich immer nur die ranghöchste Wölfin und der ranghöchste Wolf. Nach der Geburt der Jungen versorgt der Vater die Mutter mit Fleisch. Diese säugt die Welpen etwa zehn Wochen lang, dann füttern Mutter und jüngere Rudelmitglieder sie mit ausgewürgtem Fleisch, bis sie alt genug sind, um mit dem Rudel zu jagen. Anfangs machen die Kleinen, was sie wollen, und das Rudel toleriert ihr Verhalten. Doch mit zunehmendem Alter werden sie in ihre Schranken gewiesen.

Mit gespitzten Ohren lauscht der Wolf nach Feinden oder Beute.

EUROPÄISCHER WOLF
Früher gab es überall in Europa Wölfe, doch sie wurden von Bauern und Jägern über Jahrhunderte hinweg verfolgt und getötet. Heute findet man Wölfe in Europa nur noch in wenigen abgelegenen Gegenden in Süd- und Osteuropa.

Mit den spitzen Zähnen kann der Wolf die Beute schnell töten.

IN EIS UND SCHNEE
Im Norden Kanadas haben die Wölfe im Winter, wie die meisten Tiere dort, ein weißes Winterfell, das sie in Eis und Schnee tarnt. Im Sommer können die Wölfe grau oder oft auch schwarz sein. Die Ohren sind – typisch für Tiere kalter Gebiete – kurz, der Schwanz ist kurz und buschig. Einzelne Wölfe können sich längere Zeit von Kleintieren (Lemmingen, Hasen, Vögeln) ernähren. Fortpflanzen können sie sich nur, wenn das Rudel größere Tiere, etwa Moschusochsen oder Karibus, erlegt.

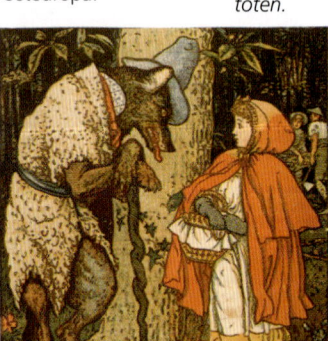

ROTKÄPPCHEN
Als es noch Wölfe in unseren Wäldern gab, erzählten die Mütter ihren Kindern das Märchen vom Rotkäppchen, weil die Kinder nicht allein in den Wald gehen sollten.

ROTE RARITÄT
Der Rotwolf, die kleinste Unterart des Wolfs, kommt im warmen Südosten der USA vor. Nachdem er in freier Wildbahn ausgerottet war, hat man 1988 in North Carolina in Zoos gezüchtete Tiere ausgewildert.

WER IST STÄRKER?
Wölfe geraten schnell aneinander. Bei ihren Rangordnungskämpfen gibt es nur selten Tote, aber häufig Verletzte.

TAPFERER WOLF
In den Sagen der Nootka-Indianer aus dem Nordwesten Amerikas wurden junge Krieger oft von Wölfen verschleppt. Diese Keule aus Seeohrschalen, Knochen und Menschenhaar ist ein Zeichen für die Kraft und Macht, die die Krieger während ihrer Gefangenschaft annahmen. Sie trägt an einem Ende einen Wolfskopf.

ÄTHIOPISCHER HEULER
Der Äthiopische Wolf ist vom Aussterben bedroht, weil seine Heimat, die Hochlandsteppe, zunehmend als Viehweide genutzt wird. Es soll nur noch etwa 500 dieser auffälligen rotbraunen Tiere geben.

Als Langstreckenläufer benötigt der Wolf lange kräftige Beine.

JAGD
Ein Wolfsrudel jagt Moschusochsen auf der arktischen Ellesmere-Insel (bei Grönland).

Der abwärts gerichtete Schwanz zeigt, dass dieser Wolf aufmerksam beobachtet.

Auf dieser Kalksteinstele (um 550 v. Chr.) kniet ein Ägypter vor einem göttlichen Schakal. Weitere 63 Schakale sind abgebildet.

Schakale und Kojoten

Auch die Kojoten Nordamerikas und die afrikanischen Schakale können wie der Wolf Rudel bilden, sie besitzen allerdings kein so komplexes Sozialverhalten und jagen auch keine Tiere, die größer als sie selbst sind. Bei den Schakalen unterscheidet man drei Arten. Am weitesten verbreitet ist der Goldschakal. Er lebt außer in Afrika auch in Südosteuropa und Südasien. Den Streifenschakal und den Schabrackenschakal findet man in Afrika südlich der Sahara. Die Schakale und der Kojote leben in engen Familienverbänden. Sie jagen nicht nur selbst, sondern ernähren sich auch von Aas. Dabei verschmähen sie selbst verwesendes Fleisch nicht und verjagen oft andere Raubtiere von ihrer Beute. Wenn ein Wurf Junge zur Welt kommt, kümmert sich die ganze Familie um deren Aufzucht.

GRAUSIGES GESICHT
Die Tolteken (Mexiko) verehrten den Schlangengott Quetzalcoatl, der hier einen Kojoten-Kopfschmuck trägt. Diese Figur (9. Jh. n. Chr.) aus Perlmutt und Holz fand man in den Ruinen des Palasts von Tula.

BIS DASS DER TOD EUCH SCHEIDET
Dieses Goldschakalpaar bleibt ein ganzes Leben lang zusammen. Die beiden jagen und ziehen die Jungen gemeinsam auf. Sie schreiten zusammen ihre Reviergrenzen ab, markieren sie mit Urin und verteidigen sie gegen fremde Schakale.

MIT SATTELDECKE
Der Schabrackenschakal ist auffällig gefärbt. Es sieht aus, als sei seinem rostroten Fell eine schwarzsilberne Satteldecke (Schabracke) aufgelegt.

Diese Hundemumie aus Ägypten (zwischen 600 und 300 v. Chr.) ist ein Abbild des Schakalgottes Anubis.

FAMILIENTIER KOJOTE

Dieser Kojote (Präriewolf), der nächste Verwandte des Wolfs, lebt und jagt paarweise und in Familiengruppen zusammen. Er kommt in Nordamerika vor. Sein Name leitet sich vom aztekischen Wort *coyotl* ab.

COYDOG

Kojoten können sich mit Haushunden paaren. Die Nachkommen nennt man „Coydogs" (von englisch *coyote* und *dog* für „Hund"). Diese halbwilden Kojotenhunde können unter Haustieren großen Schaden anrichten.

SCHAKALWALZER

Was hier aussieht wie ein Tanz, ist ein Umsehen nach Beute.

HUNDETANZ

Die nordamerikanischen Indianer schätzten Hunde wegen ihres Fleischs und als Zugtiere (S. 56–57). Dieses Gemälde des Schweizers Karl Bodmer (1809–1893) zeigt einen Medizinmann der Hidatsa, der in einem besonderen Kostüm einen „Hundetanz" aufführt. Die Hidatsa lebten am Missouri in North Dakota (USA).

Kleinerer Kopf als beim Wolf, flache Stirn, relativ kleine Zähne

Die Fellfarbe des Goldschakals variiert je nach Verbreitung und Jahreszeit von Goldbraun über Ocker bis Grau.

WEISSER STREIFEN

Der Streifenschakal lebt in den Baum- und Buschsavannen südlich der Sahara. Sein graubraunes Fell weist einen auffälligen hellen Streifen an der Seite auf und sein schwarzer Schwanz hat eine weiße Spitze.

ANUBIS

Der Schakalgott Anubis wurde im alten Ägypten häufig dargestellt.

Asiaten und Afrikaner

In Afrika und Asien gibt es neben den Schakalen, die in beiden Erdteilen leben, und dem Wolf, der in Asien, nicht aber in Afrika vorkommt, eine ganze Reihe wilder Hundearten. So gibt es in Afrika den Afrikanischen Wildhund und den Löffelhund, der mehr Zähne als alle anderen Hunde besitzt. In Indien und Südostasien lebt der Rothund. Aus Ostasien stammt der Marderhund. Diese Arten sind alle Rudeljäger, während Füchse, wie der Tibetfuchs aus dem Himalaja und der Bengalfuchs aus Indien, Einzelgänger sind und allein Nager und andere kleine Tiere jagen. Jeder Wildhund besetzt eine ökologische Nische, das heißt er hat seinen ganz bestimmten Platz als Räuber in seinem Lebensraum. Er steht nicht nur in einer Räuber-Beute-Beziehung mit bestimmten Tierarten, sondern auch in Konkurrenz zu anderen Räubern, gegenüber denen er sich behaupten muss.

AUS DEM TIEFEN SÜDEN
Die südlichste Fuchsart ist der Kapfuchs (Südafrika). Er besitzt einen silbergrauen Pelz, lebt in Trockensteppen und jagt in der Dämmerung – wie alle Echten Füchse – allein.

JAGDGESELLSCHAFT
Der Afrikanische Wildhund durchstreift als typischer Rudeljäger die afrikanischen Savannen. Die Rudelmitglieder verständigen sich mit einer komplizierten Laut- und Zeichensprache. Durch seine Fellzeichnung erinnert der Wildhund an eine Hyäne. Er ist aber nahe mit den Wölfen und Schakalen verwandt. Diese Art ist sehr anfällig für Krankheiten und Parasiten, doch auch hungrige Löwen und v. a. Menschen mit Gewehren werden den Wildhunden gefährlich.

Große Ohren

Kurze breite Schnauze

Schlanke, aber muskulöse Beine

Das Fleckenmuster ist bei jedem Hund anders.

Der Afrikanische Wildhund hat als einziger Hund nur vier Vorderzehen.

Die weiße Schwanzspitze dient als Signalflagge.

Afrikanischer Wildhund

Löffelhund

Die Ohren werden bis zu 12 cm lang.

Dunkelgraue bis schwarze Gesichtsmaske

ZAHNREICH
Der Löffelhund (S. 16–17) besitzt 46–50 Zähne, andere Hundeartige haben nur 42. Er ernährt sich vorwiegend von Insekten, frisst aber auch Früchte.

Der Schwanz wird bis zu 35 cm lang.

ZAUBERHUND
In diese doppelköpfige Figur aus Bakongo (Kongo) trieb man Nägel, um die heilenden Kräfte im Inneren zu aktivieren.

INDER ODER CHINESE
Der Rothund (Asiatischer Wildhund) ist ein Rudeljäger und zeigt im Aufbau des Gebisses Ähnlichkeiten mit dem Afrikanischen Wildhund, doch äußerlich sieht er ihm kaum ähnlich. Beide Arten kreuzen sich nicht mit Haushunden. Rothunde aus Indien sind in der Regel heller und kurzhaariger als Rothunde aus China.

Rundliche Ohren

Dunkler roter Pelz

Langer buschiger Schwanz

Chinesischer Rothund

Helles Fell

Indischer Rothund

Der Schwanz ist dunkler als der übrige Pelz.

AUF DEM DACH DER WELT
Der Tibetfuchs lebt in den kalten Hochebenen Tibets, in Höhen über 4000 m. Sein dicker Pelz hält ihn warm. Mit seiner schlanken Schnauze zieht er kleine Nager aus ihren Gängen.

Das weiße Fell ist ein Zuchtergebnis.

Der Schwanz ist relativ kurz.

Kurze spitze Schnauze

Marderhund im Sommerfell

MARDER, HUND ODER WASCHBÄR?
Der Marderhund erinnert an einen Waschbären. Doch mit seiner kurzbeinigen Statur gleicht er den ersten Hunden, die vor Jahrmillionen die Welt eroberten. Wegen seines dicken, weichen Fells wird er als „Ussurischer Waschbär" in Pelzfarmen gezüchtet. In Russland entkamen vor einigen Jahren Marderhunde aus solchen Farmen. Die verwilderten Tiere breiten sich nach Westen aus und wurden schon bei uns beobachtet.

Kurze runde Ohren

KLEINER INDER
Der Bengalfuchs gleicht einem kleinen Rotfuchs. Er lebt in den Buschsteppen Indiens und ernährt sich von Nagern, Eidechsen und anderen kleinen Tieren.

Waschbärengesicht

Echte Waschbären (unten) gehören zu den Kleinbären.

Marderhund im dunklen Sommerfell

Füchse

Alle Füchse leben und jagen allein – außer in der Paarungszeit. Ihr Körper ist lang gestreckt, der Schwanz ist lang, stumpf und buschig und heißt in der Jägersprache Lunte. Charakteristisch ist das „Fuchsgesicht". Die Sinne sind bei den Füchsen hoch entwickelt, die stehenden Ohren sind groß. Füchse jagen Kaninchen, Mäuse und andere Nager. Am bekanntesten und am weitesten verbreitet ist der Rotfuchs. Als „Meister Reineke", der schlaue Fuchs, ist er Hauptfigur vieler Märchen und Fabeln. Er ist sehr anpassungsfähig und man findet ihn daher in Wüsten, Wäldern, Gebirgen und sogar Städten. Abgesehen vom Rotfuchs gibt es neun weitere Arten aus der Gattung der Echten Füchse (*Vulpes*). Der Graufuchs aus Nord- und Mittelamerika gehört einer eigenen Gattung (*Urocyon*) an. Er zeigt ein ganz anderes Verhalten als der Rotfuchs und klettert gern auf Bäume, was ihm den Beinamen „Baumfuchs" eintrug.

WARTEN AUF ESSEN
Fuchswelpen bleiben einige Monate bei ihrer Mutter, bis sie sie verlassen und sich ihre eigenen Reviere suchen müssen.

DER QUACKFROSCH
In einer Fabel von Äsop (620–560 v. Chr.) gibt sich der Frosch als studierter Arzt aus. Der Fuchs aber fragt ihn, warum er als gelehrter Mediziner nicht seine eigene seltsame Gangart und seine runzelige Haut heile.

DEM FUCHS AUF DER SPUR
Die Spuren eines Fuchses sind kleiner als die der meisten anderen Hundeartigen. Die Ballenabdrücke sind länglich, die Krallen sehr spitz.

Die Fellfarbe variiert von Grau über Rostrot bis zu Feuerrot.

EIN SCHÖNER PELZMANTEL
Das Fell des Rotfuchses ist so schön, dass es seit Jahrtausenden als Pelz für Menschenkleidung herhalten muss. Man züchtet sogar Füchse mit den verschiedensten Fellfarben, um ihnen dann eines Tages das Fell über die Ohren zu ziehen – für Tierschützer ein Skandal.

Die Lunte hat eine weiße Spitze (Birkfuchs) oder eine schwarze (Brandfuchs).

HOCH HINAUS
Der Graufuchs lebt in den USA (mit Ausnahme der Rocky Mountains und des Nordwestens) und in Mittel- und Südamerika. Er ist kleiner als ein Rotfuchs. Sein Fell ist oberseits grau. Die Seiten sind rötlich, der Bauch hell. Die Schwanzspitze ist immer dunkel.

Auf einem Baum hält der Graufuchs Ausschau nach einer Mahlzeit – Kaninchen, Insekten oder Aas.

Die Schwanzspitze ist schwarz oder grau.

Nase und Schnauzenseiten sind schwarz.

UNERREICHBARER VOGEL
Der Rotfuchs klettert nicht auf Bäume, während der Graufuchs die meiste Zeit dort zubringt und Eier sucht und Vögel jagt (Wedgwood-Porzellanteller, 1761).

Füchse können mit ihrer feinen Nase Beute im Umkreis von 10 km erschnuppern.

Hals und Kehle sind weiß oder hell.

FUCHSJAGD
In vielen Ländern gilt die Fuchsjagd als sportliches Ereignis. Da Füchse so anpassungsfähig sind, können sie zu Schädlingen werden, die den Bauern Hühner und anderes Geflügel vom Hof stehlen. Durch die Jagd wird der Fuchsbestand kontrolliert.

STADTSTREICHER
Immer mehr Füchse werden in Städten heimisch. Sie jagen Ratten und suchen sich Nahrungsreste aus Mülltonnen.

SCHWARZ ODER ROT?
Der amerikanische Maler John James Audubon (1785–1851) malte viele Tiere, darunter auch diesen Rotfuchs-Schwärzling.

IM TIEFEN WALD
Für den englischen Künstler William Morris (1834–1896), der diesen Bildteppich entwarf, war der Fuchs ein unverzichtbarer Teil eines jeden Waldes.

29

Füchse im Eis und in der Wüste

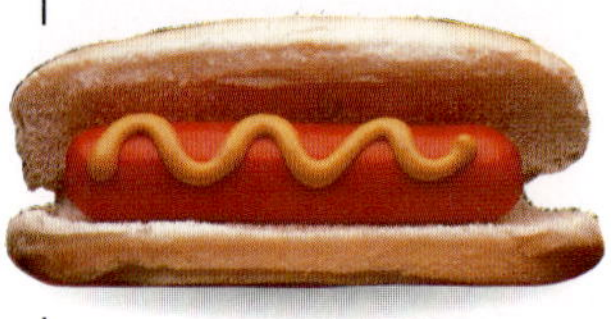

HOTDOG
Der Hotdog, ein Würstchen in einem Brötchen, war bei uns schon im Mittelalter bekannt.

Nicht nur in unseren gemäßigten Klimazonen gibt es Füchse. Einige Arten leben unter extremen Bedingungen: im arktischen Eis oder in heißen Wüsten. Der Eisfuchs ist in den eisig kalten Polargebieten Alaskas, Kanadas, Nordeuropas und Nordasiens beheimatet. Untersuchungen haben ergeben, dass ein Eisfuchs auf der Suche nach Nahrung ein Revier von 6000 Hektar durchstreift. Seine Ohren sind klein und rund, damit über sie keine kostbare Körperwärme verloren geht, das Fell ist dick und warm. Auch in den Wüsten der Erde leben Füchse. Wegen des geringen Nahrungsangebots benötigen die Wüstenfüchse große Reviere und sind hinsichtlich der Nahrung nicht wählerisch: Kleine Tiere, Aas und Pflanzennahrung stehen auf dem Speiseplan. Im Gegensatz zum Eisfuchs haben Wüstenfüchse riesige Ohren, über die sie Wärme abgeben können. Sie sind klein und können daher mit wenig Nahrung auskommen. Das Fell ist kurz und dicht. In der brütenden Hitze des Tages schlafen die Wüsten bewohnenden Füchse in einer Sand- oder Felshöhle. Auf die Jagd gehen sie nachts, wenn es in der Wüste kalt ist.

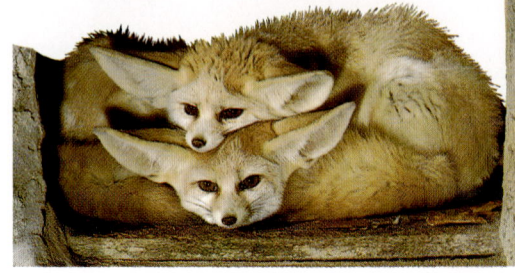

WÜSTENFÜCHSE
Der Fennek (*Fennecus zerda*) ist der kleinste und zierlichste Fuchs und hat es wahrscheinlich am schwersten, Nahrung zu finden. Er lebt in der trocken-heißen Sahara und in der Arabischen Wüste, wo es kaum Leben gibt.

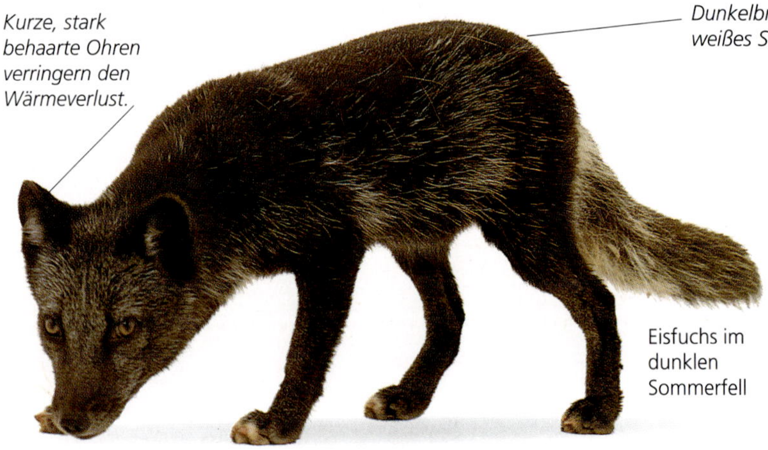

Kurze, stark behaarte Ohren verringern den Wärmeverlust.

Dunkelbraunweißes Sommerfell

Eisfuchs im dunklen Sommerfell

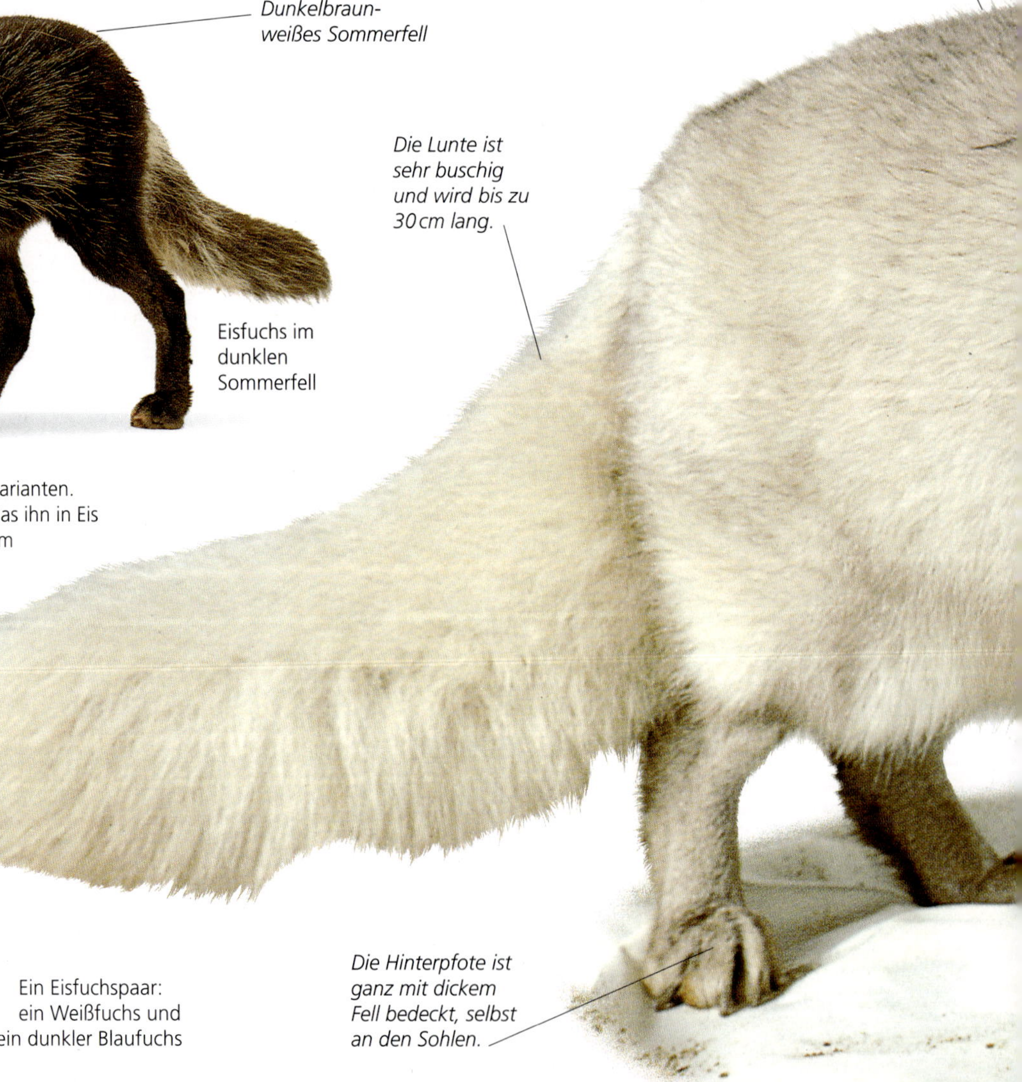

Das weiche dichte Fell muss den Eisfuchs gut wärmen. Im Winter ist es daher besonders dick.

Die Lunte ist sehr buschig und wird bis zu 30 cm lang.

Die Hinterpfote ist ganz mit dickem Fell bedeckt, selbst an den Sohlen.

WEISS, BLAU ODER BRAUN
Beim Eisfuchs (*Alopex lagopus*) gibt es zwei Farbvarianten. Der „Weißfuchs" hat im Winter ein weißes Fell, das ihn in Eis und Schnee praktisch unsichtbar macht (rechts). Im Sommer ist der Pelz braunweiß (oben). Beim „Blaufuchs" ist das Winterfell stahlblau, schwarz, kastanienbraun oder hellgrau, im Sommer sind auch diese Füchse braun. Der Weißfuchs ist durch seine Färbung wesentlich besser getarnt, sodass er heute viel häufiger ist als der Blaufuchs.

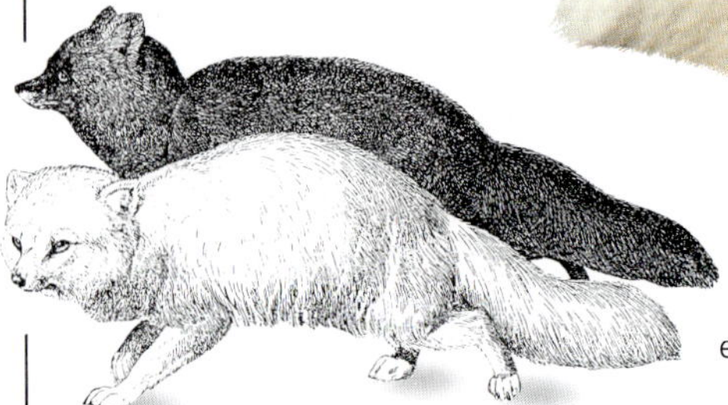

Ein Eisfuchspaar: ein Weißfuchs und ein dunkler Blaufuchs

Die typischen Wüstenfuchs-
ohren des Rüppelfuchses
sind nicht ganz so groß wie
die des Fenneks.

UNBEKANNTES GROSSOHR
Der Rüppellfuchs (*Vulpes rueppelli*) wird oft mit
dem Fennek verwechselt, doch er ist etwas größer,
die Ohren sind etwas kleiner. Ansonsten besitzt er
viele Gemeinsamkeiten mit dem Rotfuchs.
Er lebt in den Steinwüsten Nordafrikas
und Südarabiens. Über seine
Lebensweise weiß man
kaum etwas.

BLASSE ERSCHEINUNG
Der Blassfuchs (*Vulpes pallidus*)
lebt in den Steppen am
südlichen Rand der Sahara.
Wie der Fennek ist er klein und
hat ein helles Fell.

Der lange buschige
Schwanz dient als
Wärmedecke in den
kalten Wüstennächten.

Rüppellfuchs

AUF DER JAGD
Der Fennek muss schon sehr flink
sein, wenn er diese Springmäuse
fangen will.

Dicker Pelzkragen
um den Hals

GROSSE OHREN, FLINKE BEINE
Große Ähnlichkeit mit den afri-
kanischen Wüstenfüchsen haben
die beiden nordamerikanischen
Kitfüchse. Sie leben ebenfalls in
Wüsten und Prärien, sind sehr
klein und haben große Ohren.
Man findet den Swiftfuchs
mehr östlich, den Großohr-
Kitfuchs im Westen.

Der Kitfuchs lebt in den
Wüsten Nordamerikas.

Erwachsener Eisfuchs im
hellen Winterfell

Die Krallen verschwinden
fast unter dem dicken Fell.

Südamerikaner

Die südamerikanischen Wildhunde nannte man früher Schakalfüchse, weil sie in ihrem Aussehen teils an Echte Füchse, teils an Schakale erinnern. Sie sind alle Einzelgänger und jagen nicht nur selbst kleine Tiere, sondern fressen auch Aas und Früchte. Man unterscheidet zwei Gattungsgruppen, die Waldfüchse und die Kampffüchse. Zu den Waldfüchsen zählen der Waldfuchs, der Kurzohrfuchs und der Waldhund. Der Waldfuchs oder Maikong ähnelt von diesen drei Arten am meisten einem Hund. Er wird von den Indianern gelegentlich gezähmt und geht dann wie ein Hund mit auf die Jagd. Zu den Kampffüchsen gehören die Falklandwölfe und Festland-Kampffüchse, der Brasilianische Kampffuchs und der heute vom Aussterben bedrohte Mähnenwolf. Bereits ausgestorben ist der Falklandwolf, den Charles Darwin 1834 beschrieb. Als der berühmte Naturforscher und Begründer der Evolutionstheorie die Falklandinseln auf seiner Weltreise besuchte, gab es diesen Wildhund noch in größerer Zahl. Doch bis zum Ende des 19. Jahrhunderts hatten ihn Pelzjäger ausgerottet.

MAGELLANFUCHS
Das grau-gelb-schwarze Fell des Culpeo- oder Magellanfuchses spielt für den Pelzhandel keine Rolle, sodass dieser Wildhund, zumindest zurzeit, noch nicht gefährdet ist.

Ein Fuchs auf der Stirn eines Mannes ziert diesen Steigbügel (Mochíca-Kultur, Peru, 300–1000 n.Chr.).

AUS DER PAMPA
Der Pampasfuchs lebt in lockeren Wäldern, waldlosen Pampas und Wüsten Südamerikas. Er ist überhaupt nicht scheu. Charles Darwin tötete 1834 ein Tier, indem er zu ihm hinging und es mit seinem Geologenhammer erschlug.

AZARAFUCHS
Im 18.Jh. beschrieb der spanische Forscher Felix de Azara diesen argentinisch-brasilianischen Wildhund.

Azarafuchs

Kleine Ohren

Breite Schnauze

Waldhund

Rötlich braunes Fell

Sehr kurze Beine

WEDER MARDER NOCH OTTER
Der Waldhund gleicht eher einem großen Marder als einem Hund. Er bildet innerhalb der Hundeartigen auch eine eigene Gattung, *Speothos*. Über seine Lebensweise weiß man nur wenig. Er lebt im tropischen Südamerika, bevorzugt offenes Gelände in Wassernähe und ist der beste Schwimmer unter den Hunden.

Das Fell der großen
Ohren ist innen weiß.

Dunkle Mähne
an Hals und
Oberrücken

**SELTENHEIT MIT
KURZEN OHREN**
Der Kurzohrfuchs
(*Atelocynus microtis*)
ist einer der seltensten
und unbekanntesten
Wildhunde. Er lebt
in den tropischen
Regenwäldern
Südamerikas.

Dunkle
Schnauzenspitze

MAJESTÄTISCHE MÄHNE
Mit seiner schlanken Gestalt
und den langen Beinen ähnelt
der Mähnenwolf eher einem
Fuchs auf Stelzen als einem
Wolf. Unter den Hunden besitzt
er eine ähnliche Sonderstellung
wie der Gepard unter den
Katzen. Er lebt im hohen Gras
der Steppen und in bewaldeten
Gebieten Südbrasiliens. Seine
Beute, v. a. Meerschweinchen,
schlägt der Mähnenwolf, indem
er sie nach Katzenart anspringt.

Mähnenwolf

Lange
Stelzen-
beine

Rötliches Fell

Der Schwanz des Mähnenwolfs ist
an der Spitze weiß.

Nazca-Keramik von der
peruanischen Küste
(500–600 n. Chr.)

KRABBENESSER
Da er sicherlich selten Krabben
frisst, ist der Name Maikong oder
Waldfuchs für diesen Bewohner
der tropischen Wälder des nordöst-
lichen Südamerika zutreffender.

Das dunkle
Fell an Pfoten
und Unter-
schenkel
erinnert
an Knie-
strümpfe.

Die ersten Haushunde

Ägyptische Papyrusrolle mit Schakalen und Ziegen (1500–1200 v. Chr.)

Der Wolf ist der Vorfahr aller Haushunde, vom Irischen Wolfshund, der viel größer ist als ein Wolf, bis hin zum winzigen Chihuahua. Die äußere Körpergestalt der Haushundrassen unterscheidet sich zum Teil gewaltig voneinander und vom Wolf, doch in seinem Innersten ist jeder Hund ein Wolf. Wahrscheinlich zähmten die Menschen die ersten Wölfe vor über 12 000 Jahren, in der Eiszeit. Deshalb findet man Wolfsknochen auch bei Ausgrabungen von Siedlungen aus jener Zeit. Im alten Ägypten und in Westasien begann man zuerst mit der Züchtung bestimmter Rassen wie des Mastiffs oder des Arabischen Windhunds. Zur Römerzeit gab es schon eine ähnliche Vielfalt von in Größe und Gestalt unterschiedlichen Hunderassen wie heute. Das weiß man aufgrund von Knochenfunden, vor allem aber von Statuen, Mosaiken und anderen Kunstwerken aus jener Zeit, die die Tiere oft sehr genau darstellen. Im Altertum hielt man Hunde für die Jagd, als Hütehunde und Wachhunde, für sportliche Wettkämpfe und – wie heute – als Begleiter des Menschen.

SCHAKALGOTT
Der Schakal spielte in der Mythologie der alten Völker eine große Rolle. Diese Statue des ägyptischen Schakalgottes Anubis ist aus Kalkstein gehauen (um 300 n. Chr.).

Korallenverzierter Henkel

PERSISCHE PLAKETTE
Dieses Wesen – halb Hund, halb Vogel – ist ein Fruchtbarkeitssymbol. Die Silberplakette stammt aus der Sassaniden-Dynastie (3.–7. Jh. n. Chr.) und wurde in Nordindien gefunden.

FRANZÖSISCHER FLAKON
Auf dem Henkel dieses keltischen Trinkgefäßes aus Bronze (Basse Yutz, Frankreich, um 400 v. Chr.) jagen zwei Hunde eine Ente, wenn man die Flüssigkeit ausgießt.

ALTE JÄGER
Dieses Relief aus dem Palast des Assurbanipal in Ninive (heute Irak), (erbaut 645–635 v. Chr.), zeigt assyrische Jäger mit ihren Mastiff-Hunden.

FERNÖSTLICHER HUNDEGOTT

Im Fernen Osten werden Hunde nicht nur gegessen, sie spielen auch eine Rolle in der Religion. Diese steinerne Tempelgottheit stammt aus Thailand.

GRIECHISCHE URNE

Diese Vase (380–369 v. Chr.) fand man in Süditalien. Das junge Mädchen schwenkt eine Schildkröte hin und her, um seinen Hund zu necken. Die Reifen an den Fußgelenken des Mädchens sollen böse Geister abwehren.

Diese Hundeskulptur wurde Ende des 18. Jh. am Monte Cagnolo bei Rom gefunden. Sie stammt aus dem 2. Jh. n. Chr.

FRAU MIT HUND

Dieser Skelettfund stammt aus Ein Mallaha in Israel und ist etwa 12 000 Jahre alt. Hier wurde eine Frau zusammen mit ihrem Hund begraben – eines der frühesten Zeugnisse für die Haltung von Haushunden.

DIE TOWNLEY-HUNDE

Diese Windhunde aus der Sammlung des Engländers Charles Townley (1737–1805) stammen aus dem alten Rom. Dort hielt man Windhunde und Bluthunde für die Jagd sowie Mastiffs als Kampfhunde, auch für den Einsatz im Krieg.

Messinghalsband aus Italien

HALSBÄNDER

Hunde mit Halsband findet man auf altägyptischen Malereien und auf Mosaiken aus Pompeji ebenso wie in der modernen Kunst.

Stachelwürger-Halsband

CAVE CANEM!

Cave canem (lateinisch für „Vorsicht, Hund") könnte an der Gartenpforte römischer Villen gestanden haben. Dieses Mosaik aus dem 4. Jh. n. Chr. stammt aus der Eingangshalle einer Villa in Bodrum (Türkei).

Silbernes Schmuckhalsband

HUNDEROSE

Die alten Griechen behandelten mit dieser „Zauberblume" Menschen, die von einem tollwütigen Hund gebissen worden waren.

Dieses Tongefäß (Colima-Kultur, Mexiko, 300–900 n. Chr.) stellt einen Techichi, Vorfahr des Chihuahua, dar. Sie wurden gemästet und gegessen.

Verwilderte Hunde

Vor etwa 12 000 Jahren begann der Mensch mit der Züchtung von Hunden. Seit jener Zeit sind immer wieder Haushunde in die freie Natur zurückgekehrt und leben dort wie wilde Tiere. Ein Beispiel für solch einen verwilderten Haushund ist der Dingo. Er ist der erfolgreichste „wilde Haushund" und begann sein wildes Leben schon vor vielen Tausend Jahren. Doch auch in Indien und in vielen anderen Gebieten Asiens leben verwilderte Hunde. Man nennt sie dort Pariahunde (das tamilische Wort *pariah* bedeutet „Ausgestoßener, am Rande der Gesellschaft Lebender"). Solche Parias leben am Rand der Städte und Dörfer und ernähren sich von Abfällen und Ratten. Gelegentlich werden solche Hunde wieder in den Hausstand übernommen – doch für ihren Lebensunterhalt müssen sie selbst sorgen, denn die Menschen in diesen Ländern haben oft kaum genug für sich selbst.

STREUNER AUF NAHRUNGSSUCHE
Diese verwilderten ägyptischen Hunde suchen nach Abfällen, die Touristen zurückgelassen haben.

IN DER INDISCHEN WILDNIS
Seit Jahrtausenden leben in Indien Pariahunde. Einige von ihnen gleichen den australischen Dingos.

SANTO-DOMINGO-HUND
So etwa sahen die wilden Hunde aus, die Christoph Kolumbus (1451–1506) bei seiner Entdeckung Amerikas antraf.

QUINKANGEISTER
Diese Höhlenmalerei bei Cape York in Australien zeigt die Quinkangeister, die Urahnen der Aborigines, mit einem Dingo.

PERUANISCHER PARIA
Lange bevor die Spanier nach Südamerika kamen, hatten die dortigen Eingeborenen Hunde, die – wie die heutigen verwilderten Hunde – durch die Siedlungen streunten.

Mit der Nase sucht der Dingo seine Nahrung: kleine Tiere, Obst und Gemüse.

Die Augen ähneln eher denen eines Wolfes als eines Hundes.

Sitzender Dingo

DOMINANTER DINGO
Diese jungen Dingos wissen genau, wer von beiden der Stärkere ist.

DER AUSTRALISCHE HUND
Den Dingo Australiens (oben und rechts) hielt man früher für eine eigene Art, doch er ist ohne Zweifel ein verwilderter Haushund, verwandt mit indonesischen Haushunden. Vor über 4000 Jahren kamen die Vorfahren der Dingos mit den australischen Ureinwohnern auf diesen Kontinent. Als wohl einzige Abkömmlinge prähistorischer Haushunde sollten sie geschützt werden. Doch weniger die Verfolgung durch Schafzüchter als vielmehr das Einkreuzen anderer Haushunde gefährdet diese Rasse.

EDELRASSE
Der Dingo – hier auf einem alten Stich – ist wohl der reinrassigste Hund der Welt, er konnte sich jahrtausendelang mit keinem fremden Wild- oder Haushund kreuzen.

MUTTER MIT KINDERN
Wie alle Haushunde stammt auch der Dingo vom Wolf ab (S. 22–23). Wie dieser paart er sich einmal im Jahr und erzieht seine Jungen zu Rudeljägern (S. 18–19).

Die Pfoten sind weiß.

Das Fell ist ockerbraun, die Bauchseite ist heller.

Der lange buschige Schwanz besitzt manchmal eine weiße Spitze.

Keine fünfte Klaue an den Hinterpfoten

Entstehung der Rassen

Viele Hunderassen sind schon jahrhundertealt, so die Spaniels, Greyhounds und Terrier. Doch jederzeit kann eine neue Rasse entstehen, indem man zwei oder mehrere unterschiedliche Rassen kreuzt. So kreuzte Mitte des 19. Jahrhunderts John Edwards aus dem walisischen Sealyham verschiedene Rassen zum Sealyham Terrier, der 1910 als neue Rasse anerkannt wurde. Den Irischen Wolfshund, der im letzten Jahrhundert praktisch ausgestorben war, hat man durch Kreuzungen zwischen Doggen, Deerhounds und Mastiffs neu zum Leben erweckt. Vor der ersten Hundeausstellung in England 1859 gab es große Unterschiede in Größe, Form und Farbe innerhalb der einzelnen Rassen. Heute aber sehen sich alle reinrassigen Hunde recht ähnlich, weil sie einem vorgegebenen Standard gerecht werden müssen. Dadurch verliert jedoch der einzelne Hund seine persönlichen Eigenschaften. Außerdem treten häufiger angeborene Krankheiten auf. So sind zum Beispiel Deutsche Schäferhunde anfällig für Hüftleiden.

Der Lurcher hat die Statur eines Windhunds.

SCHAFSHUND
Dieses Bild zeigt eine Fabelgestalt aus dem mittelalterlichen England. Doch manche Hirtenhunde gleichen wirklich einem zotteligen Schaf, so z. B. der ungarische Komondor.

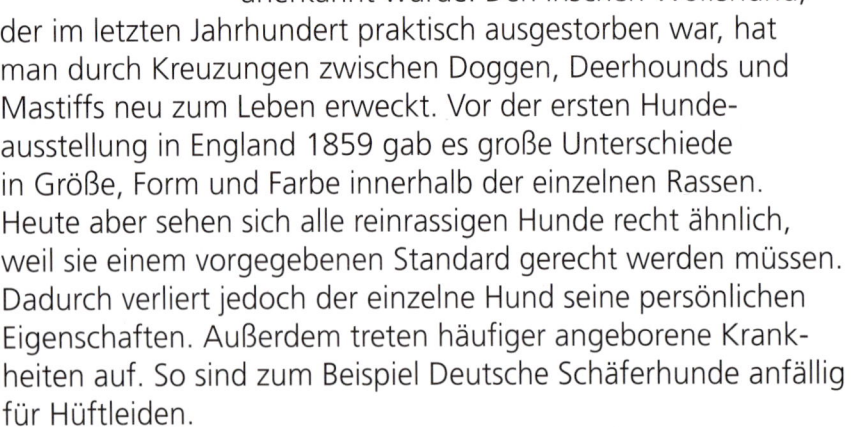

Durch die hochgezogenen Mundwinkel erweckt der Lurcher den Eindruck, als grinse er.

KATZEN, HUNDE UND MISTGABELN
Wenn es in England in Strömen gießt, sagt man, „es regnet Katzen, Hunde und Mistgabeln". Der britische Zeichner George Cruikshank (1792–1878) hat diesen Spruch wörtlich genommen.

Hund

Gefährlicher Hund

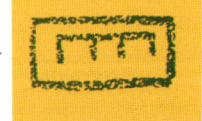

GEHEIME ZEICHEN
Die Landstreicher Amerikas – die Tramps oder Hobos – warnen ihre Freunde mit geheimen Zeichen vor einem Hund (links) oder einem besonders gefährlichen Hund (unten).

Lurcher

Diese Porzellanschale ist mit Kasperle und seinem Hund verziert.

STIERKÄMPFER
Im 18. Jh. züchtete man den Bull-terrier durch Kreuzungen zwischen Bulldoggen, Terriern und Spanischen Pointern als Kampfhund, der bei blutigen Schaukämpfen auf Stiere gehetzt wurde. Dieser Bullterrier spielte mit Oliver Reed (als Sikes) 1968 in dem Film *Oliver Twist* (nach dem gleichnamigen Roman von Charles Dickens).

BIS ZUM BITTEREN ENDE
Der Staffordshire-Bullterrier entstand im frühen 19. Jh. im englischen Staffordshire als Kreu-zung zwischen Bulldoggen und Terriern. Nach Abschaffung der Hundekämpfe geriet er in Verges-senheit und erschien erst 1935 wieder auf einer Ausstellung.

Kleine Rosenohren

Muskulöser Körper

Staffordshire-Bullterrier

Spitze Überfall-ohren

Dunkle, tief liegende Augen

GLATT ODER RAU
Der Jack-Russell-Terrier wurde im letzten Jahrhundert von dem anglikanischen Pfarrer Jack Russell, einem bekannten Terrierzüchter und Hundeliebhaber, durch Kreuzungen verschiedener heute ausgestorbener Rassen geschaffen. Erst 1990 wurde dieser Hund in Großbritannien als Rasse anerkannt, in Kanada gilt er als Terrierspielart, nicht als Rasse. Das Fell kann glatt oder rauhaarig sein.

Das Fell kann rau oder glatt sein.

Jack-Russell-Terrier

Der Körper ist schlank, das Fell kurz – ideal für einen schnellen Hund.

Dieser Stich Thomas Bewicks zeigt einen alten Lurcher.

KEINE ANERKANNTE RASSE
Der Lurcher entstand aus einer Kreuzung zwischen Greyhound und Terrier. Bis heute hat man ihn nicht als eigene Rasse anerkannt. Er ist geduldig, intelligent und schnell und greift auf Kommando an – ein bei Wilderern beliebter lautloser Jagdhund.

KOPFSTAND
Die Akrobatik dieses kleinen Mischlingshunds überrascht Frauchen augenscheinlich.

JAGD IN INDIEN
Die indischen Großmogule kannten mindestens ebenso viele Jagdrituale wie die Feudalherren Europas. Hier jagt Akbar (1542–1605) mit windhundähnlichen Jagdhunden Hirschziegenantilopen.

Jagdhunde

Seit Jahrhunderten setzt man überall auf der Welt Hunde bei der Jagd auf Wild ein. Im Mittelalter wurde die Jagd zu Pferde ein beliebter Zeitvertreib des europäischen Adels. Die Jagd galt als angenehme Übung für Turniere und Krieg. Damals·entstanden ausgeklügelte Gesetze und Regeln für die Jagd. So wurden bestimmte Wildtiere ausschließlich für die Jagd der Adligen gehegt. Als besonders edel galt das Hochwild (Rothirsche, wilde Eber, Wölfe und Auerhühner), während Rehe, Füchse und Wildkatzen als sogenanntes Niederwild nicht so hoch im Kurs standen. In dieser Zeit entstanden verschiedene Schweißhunde, Vorstehhunde und Stöberhunde, die in königlichen Zwingern gehalten wurden. Besonders wertvoll waren die Jagdhunde, die zur Jagd auf das Hochwild eingesetzt wurden.

MITTELALTERLICHE JAGDHUNDE
Die mittelalterlichen Jäger hatten meist eine Meute von mindestens 12 schnellen Laufhunden und einem Schweißhund, um das Wild aufzustöbern. Auf dieser Illustration aus *Bennicks Stundenbuch* wird ein wilder Eber zur Strecke gebracht.

INS HORN GEBLASEN
Die verschiedenen Signale des Jagdhorns gehörten zum mittelalterlichen Jagdritual.

Das Savernake-Horn wurde im 12. Jh. in England aus Elfenbein gefertigt und im 14. Jh. mit silbernen Jagdszenen verziert.

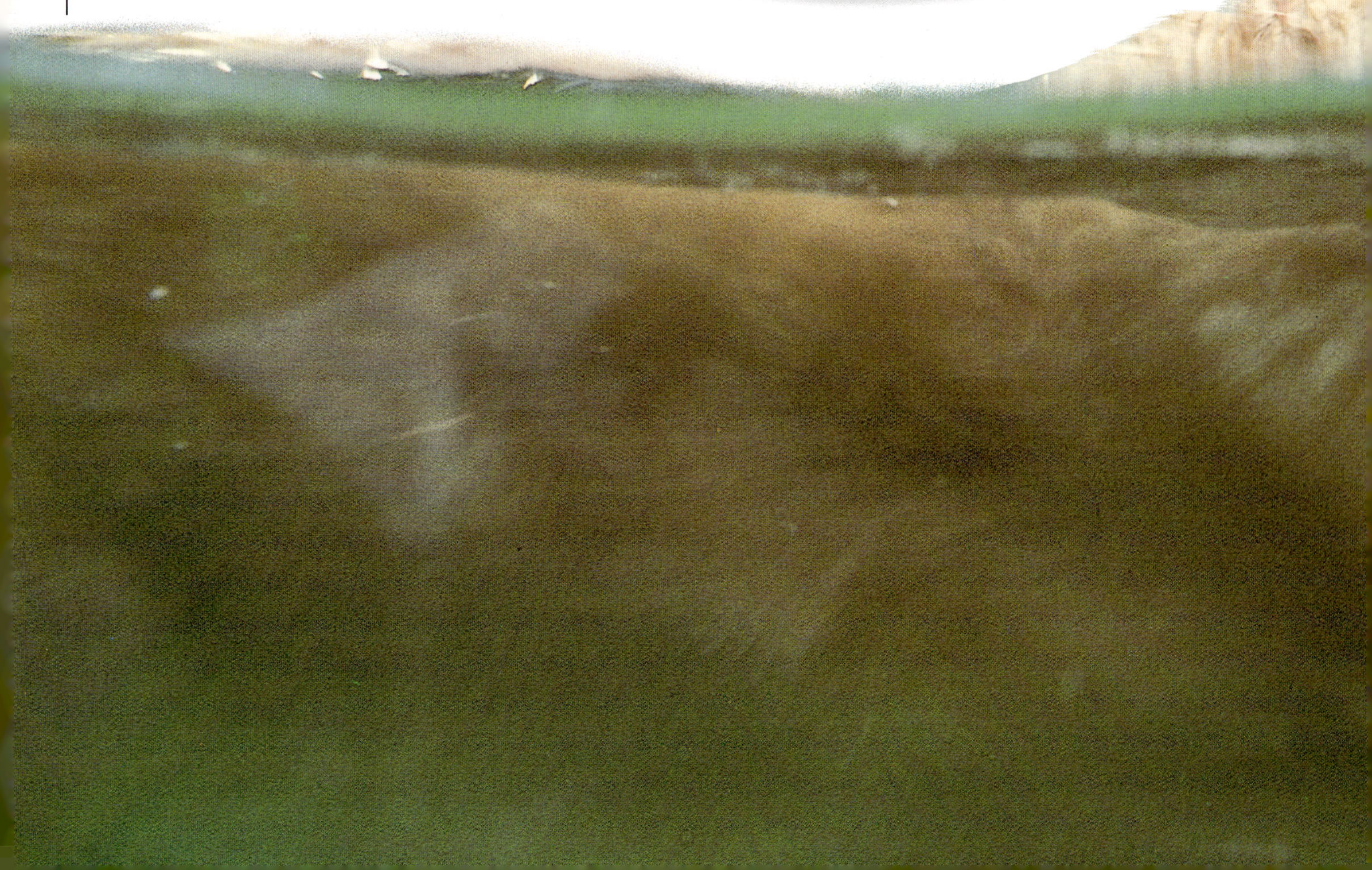

JAGDFIEBER
Auf dieser französischen Türkette (aus Gold und Silber, 1845) verfolgen ein Jäger und seine Meute einen Rehbock.

DER WILDHÜTER
Bis ins letzte Jahrhundert stellten die Adligen Wildhüter ein, deren Aufgabe die Hege des Jagdwilds und dessen Schutz vor Wilderern war. Auch heute noch ist diese Arbeit Bestandteil des Försterberufs.

JAGD IN AFRIKA
Diese Bronzetafel (spätes 16. Jh.) stammt aus der für ihre Kunst berühmten Kultur der Benin in Nigeria. Sie zeigt einen portugiesischen Soldaten mit Gewehr und Jagdhund.

JAGDMEUTE
Dieses Bild des englischen Malers Alfred Duke (gest. 1905) zeigt eine Beaglemeute, die gerade eine Fährte aufnimmt. Diese ausdauernden, lebhaften, mutigen, intelligenten Hunde wurden wahrscheinlich von den Normannen zur Hasenjagd nach England gebracht.

WASSERHUND
Dieser Golden Retriever apportiert ein Stöckchen aus dem Wasser. Genauso gut und schnell würde er auch Federwild aus dem Wasser holen. Die meisten Hunde schwimmen gern, doch der Golden Retriever wurde speziell darauf gezüchtet, erlegtes Wild aus dem Wasser zu seinem Herrn zu bringen. Das Fell besitzt eine dichte, wasserundurchlässige Unterwolle. Das Maul solcher Apportierhunde ist weich, d. h. sie können totes Federwild apportieren, ohne hineinzubeißen.

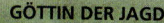

GÖTTIN DER JAGD
Diese Emailmalerei auf einer metallenen Schmuckplatte aus Limoges zeigt, wie Jagdhunde im Frankreich des 16. Jh. aussahen. Abgebildet ist die römische Jagdgöttin Diana. Über sie gibt es viele Geschichten. So gilt sie als männerfeindlich und tritt fast immer mit einem großen Gefolge von Nymphen auf. In der klassischen Kunst wird sie oft in einem von zwei Hirschen gezogenen Streitwagen dargestellt.

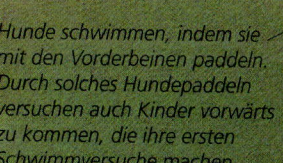

Hunde schwimmen, indem sie mit den Vorderbeinen paddeln. Durch solches Hundepaddeln versuchen auch Kinder vorwärts zu kommen, die ihre ersten Schwimmversuche machen.

Hütehunde

Die Verwendung des Hundes als Beschützer und Hüter des Viehs hat eine mehr als 3000-jährige Tradition. Die Hirten Asiens züchteten wahrscheinlich die ersten Schäferhunde, die Phönizier brachten sie nach Europa. Der römische Schriftsteller Columella schrieb im 1. Jahrhundert n. Chr., dass Schäfer weiße Schäferhunde bevorzugten. Sie waren leichter von Bären und Wölfen zu unterscheiden, die in die Herde eingedrungen waren. So konnten die Hirten besser in die Kämpfe eingreifen, ohne den eigenen Hund zu erschlagen. Selbst heute, wo es kaum noch Wölfe gibt, bevorzugt man überall auf der Welt helle Hütehunde.

LASSIE
Filmstar Lassie machte den Collie berühmt.

BOBTAIL
Früher schnitten die Hirten diesem englische Schäferhund die Rute, um die Steuer für Luxushunde zu umgehen. Als dann zufällig einmal schwanzlose Welpen zur Welt kamen, wurden diese weitergezüchtet. Bis 1998 wurde Welpen, die mit Schwanz geboren wurden, dieser kupiert, weil eine über 5 cm lange Rute nicht dem Rassestandard entsprach.

SCHOTTISCHER SCHÄFERHUND
Der Collie war schon seit Jahrhunderten der Hütehund des Schottischen Hochlands, bis er 1860 als Rasse anerkannt wurde. Sein Name leitet sich von einer schottischen Schafrasse (*Coalley*) ab. Heute findet man den Collie überall auf der Welt, nicht nur als Schäferhund, sondern auch als Blindenhund, als Wach- und Begleithund.

Gerade, muskulöse Vorderbeine und kräftige sehnige Hinterbeine kennzeichnen den ausdauernden Hütehund.

Das lange Fell ist rötlich-gold und weiß, am Kopf dunkel.

BELGISCHER SCHÄFERHUND
Als Ende des 19. Jh. die belgische Veterinärhochschule die verschiedenen belgischen Schäferhundrassen züchtete, gab es in Belgien schon lange keine Wölfe mehr. Daher haben die Belgischen Schäferhunde, wie auch der Deutsche Schäferhund, kein helles Fell.

RENTIER-HIRTENHUND
Der Border Collie wurde von den Wikingern nach Schottland gebracht. Er ist ein unermüdlicher Hirtenhund, der sich für die Arbeit mit allen Herdentieren eignet.

AUSTRALISCHER TREIBHUND
Durch Kreuzungen v. a. von Collies und Dingos entstand dieser Treib- und Wachhund mit dem bläulichen Fell. Man nennt ihn auch Heeler, weil er Tiere immer durch einen leichten Biss in die Ferse (engl. *heel*) angreift.

DER SCHÄFER UND SEIN HUND
Dieser rumänische Schäfer und sein Hund
sind durch einen wärmenden Pelz gegen
die kalten Winter geschützt.

OLÉ!
Der berühmte Maler Thomas Bewick
(1753–1828) stellt hier einen Hund dar,
der einen Bullen ärgert.

*Halb aufgerich-
tete Ohren mit
herabhängen-
der Spitze*

KLEIN ABER FEIN
Die meisten Tiere auf den
Shetlandinseln vor der Nord-
küste Schottlands sind klein.
So gibt es kleine Shetland-
ponys, kleine Shetland-
rinder und den kleinen
Shetland-Sheepdog oder
Sheltie. Im rauen Klima
der Inseln ist eine kleine,
gedrungene Körper-
form vorteilhaft. Kleine
Tiere brauchen auch
weniger Futter, das
im Winter knapp
werden kann. Der
Sheltie entstand
wohl aus einer Kreu-
zung zwischen Collie
und einem isländi-
schen Hund.

*Mit seiner feinen
Nase riecht ein Sheltie
ein vom Schnee
verschüttetes Schaf.*

Freunde und Helfer

Fass den Dieb!

Seit Jahrtausenden ist der Hund Freund und Helfer des Menschen. Er fand nicht nur Verwendung als Hütehund, sondern auch als Beschützer von Häusern und Gehöften sowie in der heutigen Zeit von Fabriken und Industrieanlagen. Manchmal wird dort ein Hund einfach eingesperrt oder angekettet. Doch dies ist falsch und grausam, weil eine solche Haltung nicht dem Verhalten des Hundes entspricht. Polizeihunde, die als Wach- oder Spürhunde eingesetzt werden, sind selten allein und genießen eine aufwendige Betreuung. Manche Rassen sind zwar aggressiver als andere, doch ist immer eine gezielte Ausbildung notwendig, damit ein Hund zwar Fremde, nicht aber seinen Herrn angreift. Heute schult man Hunde für viele andere „Berufe", so als Blindenführhunde, als Helfer von Menschen mit anderen Körperbehinderungen oder als Rettungshunde. Jeder Hund aber hilft seinem Halter schon allein dadurch, dass er seinen täglichen Spaziergang braucht und Herrchen oder Frauchen so auch frische Luft und Bewegung bekommen.

KRIEGSHUNDE
In Kriegen wurden Hunde als Wach-, Melde- und Suchhunde eingesetzt, später auch als Munitionsträger oder Minensuchhunde.

Der Unterkiefer ragt etwas über den Oberkiefer. Die gedrungene Schnauze und die kräftigen Zähne flößen Fremden Furcht ein.

Die kräftigen Vorderbeine der Boxer sind ein Erbe der Bulldoggenvorfahren.

Das üppige Haarkleid schützt gut vor dem rauen Klima der Schweizer Berge.

BERNER SENNENHUND
Die alten mastiffartigen Bauern- und „Metzger"hunde aus den Schweizer Alpen wurden früher als Beschützer der reisenden Händler und als Hütehunde eingesetzt. Bis zum Beginn dieses Jahrhunderts nannte man sie Schweizer Sennenhunde, doch heute sind vier unterschiedliche Rassen anerkannt: der Berner Sennenhund (S. 56–57) aus dem Kanton Bern, der Appenzeller aus dem gleichnamigen Kanton, der Entlebucher Sennenhund aus Luzern und der Große Schweizer Sennenhund.

Letzte Rettung: der Bernhardiner

HUNDE IM ALL
Die Hundeastronauten brachten dem Menschen wichtige Erkenntnisse, doch für die Tiere muss die Raumfahrt ein schreckliches Erlebnis gewesen sein – wie jeder andere Tierversuch. Der erste Hund im All war Laika aus Russland.

LAWINENHUNDE
Bernhardiner werden seit Jahrhunderten im Kloster am St.-Bernhard-Pass gehalten und sind berühmt für ihre Fähigkeit, Menschen aus Bergnot zu retten.

DREIKÖPFIGER HUND
Der dreiköpfige Zerberus der griechisch-römischen Mythologie bewachte die Unterwelt. Er ließ Lebende nicht hinein und Tote nicht heraus.

БЕЛКА и СТРЕЛКА

In der langen Wolfsschnauze des Deutschen Schäferhunds ist viel Platz für kräftige Zähne.

FÜHRHUND
Das Führen eines Blinden im Großstadt-verkehr ist eine sehr anspruchsvolle Aufgabe für einen Hund. Blinden-führhunde erhalten deshalb eine monatelange Ausbildung und sind entsprechend wertvoll. Darüber hinaus sind sie ihrem Herrn ein treuer Kamerad.

Kupierte Ohren (damit der Hund gefähr-licher aussieht) sind beim Dobermann Rassestandard. Das Kupieren von Ohren ist in Deutschland seit 1986 verboten.

Das Stutzen des Schwanzes ist eine grausame Verstümmelung, die den Hund daran hindert, seine Gefühle zu zeigen. Seit 1998 ist es in Deutschland verboten.

Dieser Dober-mann droht einem Eindringling.

DOBERMANN
Der Dobermann, erstmals Ende des 19. Jh. in Deutschland vorgestellt, ist der geborene Wachhund und wurde besonders auf Angriffslust gezüchtet. Doch auch er ist bei richtiger Erziehung ein zutraulicher Freund.

VIELSEITIG
Wie der Deutsche Schäferhund ist auch der Boxer eine deut-sche Hunderasse. Er entstand im letzten Jahrhundert aus einer Kreuzung zwischen dem alten Bullenbeißer und der Bulldogge. Heute richtet man den Boxer ebenso wie den Schäferhund häufig als Wachhund ab. Doch bei richtiger Erziehung sind beide anhängliche, lebhafte, gutmütige und spielerische Begleithunde, die allerdings viel Auslauf brauchen.

Muskulöse Schenkel geben dem Schäfer-hund die Kraft für hohe, weite Sprünge und ausdauerndes Laufen.

ZWEI WÄCHTER
Wenn ein Hund einen Menschen als Kontaktperson hat, kann er für den Perso-nen- und Gebäudeschutz ausgebildet werden – allein ist er kein guter Wächter.

45

Hundesport

Schon sehr früh begannen die Menschen Hunde für verschiedene sportliche Wettkämpfe zu züchten, die leider oft sehr grausam waren. Im alten Rom waren Tierkämpfe beliebt, bei denen Bären und Stiere von Hunden gehetzt und in Stücke gerissen oder Hunde auf Hunde gehetzt wurden. Solche blutigen Schauspiele fanden noch bis ins späte 18. Jahrhundert statt. Selbst heute, wo solche Tierkämpfe in vielen Ländern verboten sind, werden sie mancherorts noch illegal ausgetragen. Doch es gibt auch weniger brutale Hundewettkämpfe wie die berühmten englischen Hunderennen. Für solche Rennen und als schnelle Laufhunde für die Hasenjagd züchtete man Windhunde. Oft verwendete man sie zusammen mit Greifvögeln wie zum Beispiel Falken für die Beizjagd. In Nordafrika und Asien setzte man Windhunde bei der Gazellenjagd ein. Heute züchtet man Windhunde wie den Großen (Greyhound) und den Kleinen Englischen Windhund (Whippet) auf Schnelligkeit. Diese stellen sie bei Hunderennen unter Beweis, in denen sie hinter einer Hasenattrappe herjagen.

HUNDEKAMPF
Die Zuschauer auf diesem Bild des englischen Malers Thomas Rowlandson (1756–1827) feuern ihre Favoriten an. Sie haben Wetten abgeschlossen, welcher Hund den blutigen Kampf gewinnt. Heute sind Hundekämpfe verboten.

Mit seinen scharfen Augen kann der Barsoi räumlich sehen – beim Rennen wie früher bei der Jagd.

MAULKORB
Die Hunde sind beim Rennen oft sehr erregt. Die Maulkörbe verhindern, dass sie ihre Konkurrenten beißen.

Barsoi

Kennzeichen der Windhunde: schmal, hochbeinig, stehohrig, spitzer Fang, tiefe Brust, gewölbter Rücken

Lange muskulöse Läufe

Die lange, tief ansitzende Rute ist leicht gebogen und fransig behaart.

Die muskulösen Beine machen den Saluki zu einem ausdauernden Läufer.

GESCHENK ALLAHS
Der Persische Windhund, der als Geschenk Gottes gilt, stammt aus der versunkenen Stadt Saluk. Er ist aus uralten Kreuzungen zwischen ägyptischen und asiatischen Windhunden entstanden. Seit Jahrtausenden werden Salukis bei der Jagd auf Gazellen und, zusammen mit Falken, auf große Vögel wie Trappen eingesetzt.

EISIGES HUNDERENNEN
Viele Jahrhunderte lang waren Hundeschlitten die besten Transportmittel im arktischen Winter. Heute werden sie immer mehr von Motorschlitten verdrängt. Doch in den letzten Jahren wurden Hundeschlittenrennen zu einem beliebten Sport. Die Rennen in Alaska, dem nördlichsten Staat der USA, finden weltweit Interesse.

Dichtes lockiges Fell am Hals

(K)EIN SCHLITTENHUND
Struppi, Star belgischer Comics, ist zwar ein toller Hund, aber er kann nicht wie die Huskys Schlitten ziehen.

Langes gewelltes Haar, meist weiß, mit goldenen, roten oder grauen Abzeichen

Die Ferse sitzt hoch am Bein. Dadurch wird der Lauf lang und kräftig.

VIELE HUNDE …
… sind des Hasen Tod. V. a. die nach Sicht jagenden schnellen Laufhunde wie der Große Englische Windhund werden schon lange zur Hasenjagd eingesetzt.

WÜRDIGER WOLFSJÄGER
Der Barsoi soll von einem Windhund abstammen, den ein russischer Adliger im 17. Jh. aus Arabien nach Russland brachte und mit Collies und Schlittenhunden kreuzte. Er war einst ein wilder Wolfsjäger. Dank seines würdigen Aussehens und Verhaltens wird er seit dem vorletzten Jahrhundert als Begleithund gehalten.

Jagdspezialisten

Die Jagdhunde sind eine sehr vielseitige Gruppe. Gemeinsam ist ihnen nur der ausgeprägte Jagdtrieb. Die Art und Weise, wie sie als Jagdhelfer eingesetzt werden können, ist ganz unterschiedlich. Die Windhunde zum Beispiel sind schnell und jagen mit den Augen, ihr Witterungsvermögen ist durch Züchtung zugunsten der guten Augen rückgebildet. Sie können das Wild hetzen. Die anderen Jagdhunde dagegen jagen mit der Nase. Sie können die Fährte des Wilds aufnehmen und verfolgen. Man unterscheidet Bracken, Schweiß- und Laufhunde, Vorstehhunde, Stöber-, Apportier- und Erdhunde. Größe und Gestalt der einzelnen Rassen unterscheiden sich je nach Verwendung. So wurde der Irische Wolfshund früher bei der Wolfsjagd eingesetzt, heute ist er jedoch ein gutmütiger Begleithund. Der kleine Dachshund oder Dackel, eine sehr alte Rasse, wurde als Erdhund eingesetzt. Er sollte unter anderem Dachse aus ihrem Bau jagen. Heute gehört er weltweit zu den beliebtesten Haushunden. Dackel und andere kleine Jagdhunde können 15 Jahre alt werden, die ganz großen Rassen dagegen haben nur etwa die halbe Lebenserwartung.

ELEGANTER BARSOI
Der Russische Windhund ist ein sehr edler Hund. Die Adligen im alten Russland gaben für einen einzigen Rüden ganze Dörfer in Zahlung.

WALISISCHE SAGE
Die Stadt Beddgelert in Wales ist nach dem berühmten Deerhound namens Gelert benannt. Prinz Llewellynn streckte den Hund mit dem Schwert nieder, als er die Wiege seines Kindes blutverschmiert vorfand. Doch dann fand er das Baby wohlbehalten – und einen Wolf, den sein treuer Hund zur Strecke gebracht hatte. Ähnliche Geschichten über treue Hunde erzählt man sich überall auf der Welt.

Faltiges Gesicht

Lange seidige Hängeohren

Wamme: an Kehle und Hals herabhängende Hautfalte

Gesicht und Hals sind kurz behaart.

LANGHAARIGE SCHÖNHEIT
Der Afghanische Windhund ist eine uralte Rasse, die auf 5000 Jahre alten Papyrusrollen erwähnt wird und in Höhlen im Nordosten Afghanistans abgebildet ist. Zu Beginn des 19. Jh. kam er nach England. Dort wurde sein Fell noch seidiger gezüchtet. Heute ist der einstige Jagdhund zum Renn- und Luxushund geworden.

Sehr langes, seidiges Haar

MEUTEHUND
Der Englische Fuchshund (Foxhound) entstand schon im Mittelalter und ist seitdem kaum verändert. Als Familienhund ist er wenig geeignet, denn von jeher wurde er für die Jagd in der Meute gezüchtet.

BLUTHUND
Sein furchterregender Name trug dem Bloodhound zu Unrecht einen schlechten Ruf ein. Er ist eigentlich gutmütig. Den Namen verdankt er seiner guten Nase, mit der er die Spur angeschossenen Wilds verfolgen kann. Heute wird er meist als Wachhund eingesetzt.

DER HUND VON BASKERVILLE
Hier sieht man eine Szene aus einer Filmversion des wohl berühmtesten Sherlock-Holmes-Romans von Sir Arthur Conan Doyle (1859–1930).

Der Schwanz wird aufrecht getragen, nicht nach vorn gerollt.

IRISCHER HUNDERIESE
In der zweiten Hälfte des 19. Jh. war dieser Hund, mit dem schon die alten Kelten Wölfe jagten, fast ausgestorben. Durch Einkreuzen von Deerhounds wurde die Rasse wieder aufgefrischt. Seitdem wurde der Irische Wolfshund zu einem wahren Riesen. Mit einer Schulterhöhe von bis zu 95 cm ist er der größte Hund der Welt. Der alte Irische Wolfshund hatte eher wie ein Rauhaariger Greyhound ausgesehen.

AUF ZUR HASENJAGD!
Der Beagle entstand im 17. Jh. in England als Hund für die Hasenjagd. Heute ist er in Nordamerika sehr beliebt. Da Beagles klein und fast immer gleich schwer sind und sich zudem in großer Zahl auf kleinem Raum halten lassen, werden sie häufig als Versuchstiere verwendet.

FLÄMISCHE JAGDSZENE
Dieser Ausschnitt aus einem flämischen Bildteppich aus dem frühen 15. Jh. zeigt eine mittelalterliche Jagdszene mit reich gekleideten Edelmännern und Damen, ihren Hunden und der Jagdbeute, einem wilden Eber.

DACHSHUND
Der Dachshund (Dackel oder Teckel) wurde dazu gezüchtet, Dachse (und Füchse) aus ihren Erdbauen herauszutreiben. Auch heute ist er noch ein beliebter Jagdhund. Das Zuchtziel der meisten Dackelzüchter aber ist ein sympathischer, intelligenter Begleithund. V. a. der Zwergdackel ist als Wohnungshund beliebt.

Die geraden kräftigen Vorderbeine und die muskulösen Hinterbeine erlauben dem Irischen Wolfshund ausdauerndes Laufen auf der Jagd.

Beim Dackel gibt es drei Varianten: Kurzhaardackel, Langhaardackel und Rauhaardackel.

Vorsteher und Stöberer

Neben den im vorigen Kapitel vorgestellten Lauf-, Erd- und Schweißhunden hat man zur Jagd weitere Rassen mit besonderen Eigenschaften gezüchtet. Wenn ein Vorstehhund ein Stück Wild entdeckt hat, bleibt er regungslos wie eine Statue stehen, ein Vorderlauf ist erhoben. Seine Schnauze zeigt in Richtung des Wilds. Zu dieser Gruppe gehören die Pointer und Setter. Apportier- und Stöberhunde wie die Retriever oder die Spaniels können dazu abgerichtet werden, geschossenes Federwild aufzustöbern und zu apportieren, also zu ihrem Herrn zu bringen, ohne es mit den Zähnen zu beschädigen. All diese Hunderassen sind sehr gelehrig. Deshalb richtet man sie nicht nur zur Jagd ab. Sie werden auch sehr gern als Begleit- und Familienhunde gehalten. Der weltweit beliebteste Haushund aus dieser Rassengruppe ist wohl der Labrador, ein großer gutmütiger Retriever.

FEUER!
Ein Jagdhund darf v. a. keine Angst vor Gewehrschüssen haben.

Mit dieser ledernen Wurst können Hunde das Apportieren des Wilds üben.

Wegen des dicken Fells ist der Englische Setter auch im Winter als Jagdhund geeignet.

AM ABEND DER JAGD
Nach einem langen Jagdtag ruhen sich diese englischen Jäger mit ihren Hunden und einem Pferd erst einmal aus.

RETRIEVER
Retriever bedeutet „Zurückbringer". Dieser Labrador apportiert einen erlegten Vogel.

Mit erhobenem Vorderlauf und zur Statue erstarrt zeigen Vorstehhunde verborgenes Wild an.

ROTE HAARE UND HASELNUSSAUGEN
Dieser schöne Hund mit den langen seidigen, kastanienbraunen Haaren ist ein Irish (Red) Setter. Er ist wahrscheinlich der älteste englisch-irische Vorstehhund.

LANGHAARIGES LANGOHR

Der Cocker-Spaniel erhielt seinen Namen von der Schnepfenjagd (engl. *woodcock* für „Waldschnepfe"). Heute ist er meist Begleithund.

Mit den kräftigen Beinen war der Cocker einst ein ausgezeichneter Stöberhund.

ENTENJAGD

Bei der Entenjagd werden Jäger und Hund oft nass. Seit Jahrhunderten sind Spaniels für die Wasservogeljagd gezüchtet worden, sodass ihnen Wasser nichts ausmacht. Dieses Bild zeigt (von rechts nach links) einen Chesapeake Bay Retriever, einen Curly-Coated Retriever und einen Irischen Wasserspaniel.

WILDANZEIGER

Pointer sind typische Vorstehhunde. Ihr Name leitet sich von *to point* (engl. für „hinweisen", „auf etwas zeigen") ab.

Gläserner Hund auf einer österreichischen Dose (um 1800)

Dieser Englische Setter hat eine leicht gebogene „Fahnenrute".

GUT GEZIELT

Auf dieser französischen Kachel (18. Jh.) ist ein Jäger abgebildet. Er trägt einen Lederbeutel für das erlegte Wild und zielt mit seinem Gewehr gerade auf einen Hasen.

LAVERACKS HUND

Die ersten Setter gab es schon im 16. Jh. in Frankreich. Doch erst 300 Jahre später schuf der englische Züchter Edward Laverack den Englischen Setter. Er wird v. a. zur Vogeljagd abgerichtet. Er kann mit seiner feinen Nase Fährten verfolgen, das Wild nach Vorstehhundart unbeweglich und lautlos anzeigen und schließlich das erlegte Tier apportieren.

Eine lange Leine kommt dem großen Bewegungsdrang des Setters entgegen.

Terrier

Terrier sind Erdhunde (lateinisch *terra* für „Erde"). Sie haben einen starken Grabinstinkt, holen Dachse, Füchse und Kaninchen aus ihren Bauen und sind leidenschaftliche Rattenfänger. In Großbritannien werden Terrier schon seit Jahrhunderten gezüchtet, so der Border, der Scottish und der Yorkshire-Terrier. Sie werden bei der Jagd oder als Ratten- und Mäusefänger auf Bauernhöfen und in Bergwerksstollen eingesetzt. Doch auch in anderen Ländern entstanden Terrierrassen wie der Australian Terrier. Die meisten der heute registrierten Terrierrassen wurden erst in den letzten 100 Jahren gezüchtet und anerkannt und die meisten Terrier werden heute nur als Begleithunde in Wohnungen gehalten.

SCOTTIE
Der Scottish Terrier stammt aus dem 18. Jh., wird aber erst seit 1890 in der heutigen schwarzen Form gezüchtet. Der Jagdhund aus dem schottischen Hochland ist zu einem Familienhund geworden.

V-förmige, nach vorn fallende Ohren

Aus dem Griff dieser Zähne entkommt kein Beutetier.

Das drahtige Haarkleid ist feuchtigkeitsabweisend und braucht viel Pflege.

Langer, kräftiger Fang für die Kaninchen-, Ratten- und Schlangenjagd

AUSTRALISCHER TERRIER
Der Australian Terrier entstand um 1900 in Australien aus Yorkshire-, Skye-, Norwich- und Cairn-Terriern, die von britischen Einwanderern nach Australien gebracht worden waren.

RÖMISCHER HUND
Im Norden Englands entdeckte man im 19. Jh. diese kleine römische Kupferfigur (1.–4. Jh. n. Chr.). Sie erinnert an eine alte Terrierrasse, den Aberdeen.

Die Ohren des kleinen Norfolk-Terriers fallen seitlich der Wangenpartie nach vorn.

Ein Gummiring bringt die verspielte Natur des Terriers zum Vorschein.

RIESENTERRIER

Der Airdale-Terrier entstand im 19. Jh. im Airetal in Yorkshire aus dem alten Arbeitsterrier und dem Otterhound. Er ist der größte Terrier und mit etwa 60 cm Schulterhöhe nicht als Erdhund zu gebrauchen, wohl aber als Jagd-, Polizei- und Wachhund oder Rattenfänger. Im Krieg war er ein ausgezeichneter Meldehund (S. 44–45).

Gerade, hoch getragene Rute

FUCHSHUND

Beim Foxterrier gibt es zwei nah verwandte Rassen: Die ältere ist der Glatthaar-Foxterrier, die jüngere der abgebildete Drahthaar-Foxterrier. Foxterrier sind die geborenen Erdhunde und für die Fuchsjagd bestens geeignet.

Der lebhafte Foxterrier braucht Bewegung. Wenn er keine Füchse jagen kann, kämpft er mit einer Decke.

SCHON ZU LEBZEITEN LEGENDE

Als sein Herrchen im schottischen Edinburgh starb, wich der treue Terrier Bobby nicht von seinem Grab, bis er selbst – über 10 Jahre später – starb.

WOLF IM SCHAFSPELZ

Als Rattenfänger in englischen Bergwerken wurde der Bedlington-Terrier aus Terriern, Otterhounds und Whippets gezüchtet.

Hängeohren, birnenförmiger Kopf und lockiges Fell: Der Bedlington-Terrier gleicht einem Schaf.

FOTOGEN

In der Werbung spielen Hunde eine große Rolle. Dieser Terrier ziert das Titelblatt einer Zeitschrift.

HOCH DEKORIERTER HUND

Hunde sind als Maskottchen sehr beliebt. Dieser Hund mit den vielen militärischen Auszeichnungen ist Drummer, das Maskottchen des Regiments der Northumberland Füsiliere. Sein Tod wurde 1902 per Anzeige bekannt gegeben.

WÜHLER

Der Norfolk- und der Norwich-Terrier sind eng miteinander verwandt. Bis 1964 betrachtete man sie als eine Rasse. Heute bezeichnet man als Norfolk-Terrier den hängeohrigen, als Norwich-Terrier den stehohrigen Typ. Beide sind kleine lebhafte Erdhunde, lassen sich aber auch gut in der Wohnung halten.

Terrier graben – wie diese Norfolk-Terrier – mit Vorder- und Hinterbeinen.

Begleithunde

Hunde sind treue Kameraden ihrer Herrin oder ihres Herrn. Sie begleiten sie durch Freud und Leid und geben vor allem dem Leben einsamer Menschen oft einen neuen Sinn. Doch alle Hunde, die heute „nur" Begleiter des Menschen sind, wurden ursprünglich zu einem anderen Zweck gezüchtet. Sie alle sind ehemalige Gebrauchshunde. So waren die Vorfahren des Chow-Chow vor 3000 Jahren in der Mongolei Kriegshunde. Später wurden Chow-Chows als Hüte- oder Schlittenhunde verwendet und in China als Speisehunde gehalten. Der Pudel ist ein ehemaliger Vorsteh- und Wasserhund, der Dalmatiner ein Ex-Jagdhund, die Bulldogge ein Ex-Stierkämpfer. Heute aber findet man diese Hunderassen praktisch ausschließlich als Begleiter des Menschen und als Teilnehmer auf Hundeausstellungen.

MADE IN USA
Die Vorfahren des Boston-Terriers sind französische Boxer, englische Bullterrier und deutsche Bulldoggen.

TREUER DIENER
Dieser Ausschnitt aus einem japanischen Wandschirm aus dem 17. Jh. zeigt einen reichen portugiesischen Händler mit zwei Dienern und seinem Hund.

Der muskulöse Rücken ist ein Erbe der englischen Bulldoggenvorfahren.

FLEDERMAUSOHRIGE BULLDOGGE
Sie stammt von aggressiven Kampfhunden ab und wurde früher auf Esel gehetzt. Heute ist die Französische Bulldogge ein liebenswürdiger, aber wachsamer Begleithund, der sich auch fürs Großstadtleben eignet.

Die Beine sitzen weit außen am massigen, gedrungenen Körper.

Französische Bulldogge

Bei einem gesunden Chow-Chow ist die Zunge blauschwarz.

CHINESISCHER LÖWENHUND
Die älteste Abbildung eines Chow-Chow findet sich auf einem 2000 Jahre alten chinesischen Relief. Englische Handelsschiffe brachten 1780 ein Paar verwilderter Chow-Chows von Kanton Südostchina nach Europa. Hier ist der schöne Hund mit der Löwenmähne und der blauen Zunge ausschließlich Begleithund. In seiner Heimat aber wird er noch heute gegessen.

Dichtes Fell und kurze Ohren: Der Chow-Chow ist polartauglich und eignet sich als Schlittenhund.

BRITANNIENS STOLZ
Die Bulldogge ist ein Nationalsymbol der Briten. Sie wurde im 16. Jh. für den Stierkampf gezüchtet. Nach dem Verbot der Tierkämpfe wurde sie zum Gebrauchshund und schließlich zum gutmütigen Begleithund.

ZIRKUSNUMMER
Pudel sind gelehrig und flink. Man
kann ihnen leicht Kunststücke
beibringen. Deshalb sieht man sie
häufig im Zirkus. Auf dieser österreichischen Goldbrosche (um 1890) betätigt
sich ein Clown als Pudeldompteur.

KUTSCHENHUND
Im 18. Jh. nahmen englische und
französische Adlige gern einen
Hund als Reisebegleiter mit.
Oft wählte man die
Hunde passend
zum Zaumzeug
oder zu den
Pferden
aus.

*Langer
Schnauzbart*

Der Riesen-
schnauzer
erreicht eine
Schulterhöhe
von bis zu
65 cm.

BARTTRÄGER
Woher der Name Schnauzer
kommt, ist offensichtlich. Der
lange Schnauzbart ist das auffälligste Kennzeichen dieser Hunde.
Der Riesenschnauzer ist ein
anerkannter Polizei-, Schutz- und
Sanitätshund, sehr lernbegierig
und dressurfähig. Kleinere Rassen
wie der Mittelschnauzer und der
Zwergschnauzer dagegen finden
kaum noch als Gebrauchshunde
Verwendung.

*Das Fell des Dalmatiners
ist reinweiß mit schwarzen
und leberbraunen Flecken
und Tupfen.*

GETÜPFELTE BRACKE
Über die Herkunft des Dalmatiners gibt es viele Geschichten.
So heißt es, er sei mit Zigeunern
aus Indien nach Dalmatien
(heute Kroatien) gekommen,
andere sehen den Ursprung
dieser Rasse in Ägypten oder
Italien. Im 18. Jh. brachten ihn
Reisende nach England. Dort
ließen die Edelleute den aristo-
kratischen Hund neben ihren
Kutschen herlaufen. Heute ist er
ein beliebter Spazierhund. Er ist
sauber und ordentlich, meidet
Pfützen und Schmutz.

*Mit den langen
Beinen kann
der Dalmatiner
schnell und
ausdauernd
laufen.*

BILDSCHÖN
Pudel waren ursprünglich Apportierhunde. Ihr Herkunftsland ist unbekannt.
Wegen ihres geselligen Wesens und ihrer Intelligenz sind sie heute
ausschließlich Begleithunde. Das Gemälde von Jean Jacques Bachelier
(1724–1806) zeigt eine frühe Form des Pudels.

Arbeitshunde

GUTER SCHWIMMER
Der Neufundländer stürzt sich instinktiv ins Wasser, um ertrinkende Menschen zu retten.

KÖNIGLICHER CORGI
Ein Walisischer Zwerg-Schäferhund (Corgi) ist der Liebling der englischen Königsfamilie.

In der Kynologie (Hundelehre) bezeichnet man als Arbeits- oder Gebrauchshund jeden Hund, der eine nützliche Arbeit verrichten kann, zum Beispiel als Hirten- und Hütehund, Wachhund oder Schlittenhund. Bereits in der Antike war der Hund nicht nur ein Jäger, sondern auch ein Wächter. Als der Mensch mit der Viehzucht begann, wurde der Hund zum Beschützer und Treiber der Herden. Man hat verschiedene Hütehunderassen gezüchtet. Bevor die Europäer im 15. Jahrhundert nach Nordamerika kamen, gab es dort nur ein Haustier: den Hund. Seine Aufgabe bestand darin, die Schlitten der einheimischen Nomadenvölker zu ziehen, wenn sie neue Jagdgründe aufsuchten, und bei der Bisonjagd zu helfen. In Europa, wo man Pferde, Esel und Rinder als Last- und Zugtiere hatte, war dieser „Beruf" für Hunde nicht so wichtig. Bei der Erforschung der Polarregionen aber waren Eskimohunde und Huskys unverzichtbare Helfer.

FLINK UND FLEISSIG
Der Australian Kelpie, ein Abkömmling von Dingo und Collie treibt verlorene Schafe zur Herde zurück. Über 60 km kann er an einem Tag bei seiner Treiberarbeit zurücklegen, bei der er auch über die Rücken der Schafe an die Spitze der Herde vordringt.

Huskys haben blaue oder braune Augen – oder von jeder Farbe eins.

Sibirischer Husky

Wenn Hunde hecheln, geben sie Wärme über ihre Zunge ab.

Ein dickes Fell und ein gedrungener Körperbau halten den Wärmeverlust des Huskys gering.

SCHWEIZER DECKE
Der Berner Sennenhund (S. 44–45) ist einer von vielen mastiffähnlichen Gebrauchshunden, die seit der Römerzeit überall in Europa und Asien als Begleithund der Reisenden gezüchtet wurden. Bei Tag war er ein guter Pfadfinder und Beschützer, nachts wärmte er seinen Besitzer mit seinem dicken Fell. Doch auch als Hütehund ist der Berner Sennenhund gut geeignet.

VOR DEN KARREN GESPANNT
Wie in der Schweiz die Sennenhunde, dienten in anderen Bergländern mastiffähnliche Hunde als Zugtiere. Sie konnten Milchkarren am besten und sichersten über die schmalen Gebirgspfade bringen. Auch als Wächter waren diese Hunde bestens geeignet.

Doggen haben eine breite, tiefe Brust.

IM HOHEN NORDEN
Der Eskimohund lebt wie die Eskimos (Inuit) in der Arktis. Er verträgt Temperaturen von bis zu –70°C. Eskimohunde bellen nicht, sie heulen wie Wölfe.

DEUTSCHE DOGGE
Als 407 n. Chr., gegen Ende der Römerzeit, die Alanen mit den Vandalen plündernd nach Westen zogen, brachten sie mächtige, doggenartige Hunde mit, wie sie schon auf alten griechischen Münzen dargestellt waren. Nach dem Verschwinden der Alanen kreuzte man diese Hunde mit irischen Windhunden. Das Ergebnis war die Dogge, die es heute in verschiedenen Fellfarbvarianten gibt. Hier ist eine Gelbe Dogge abgebildet.

Durch das Geschirr soll die Zugkraft des Hundes möglichst gut ausgenutzt werden.

Die Rute hängt in Ruhe herab, beim Laufen wird sie über dem Rücken getragen.

GEHARNISCHT
In vereistem Gelände, wo kein mechanisches Transportmittel einsetzbar ist, tun die nordischen Schlittenhunde schon seit Jahrhunderten gute Dienste. Heute nutzt man sie auch für den sportlichen Wettkampf – bei Schlittenhundrennen. Der Name Husky wird nicht nur für den Sibirischen Husky gebraucht, sondern auch für andere Nordlandhunde wie den Alaskan Malamute, den Grönlandhund oder den Eskimohund.

WAPPENHUND
Als Wappentiere haben Hunde eine lange Tradition. Dieser Husky ist das Wappentier des kanadischen Yukon-Distrikts.

Zwerghunde

Zwerghunde haben eine Schulterhöhe von meist unter 30 Zentimeter. Doch trotz ihrer Kleinheit darf man nicht vergessen, dass auch diese Tiere Abkömmlinge des Wolfs sind und damit auch Wolfsinstinkte besitzen. Sie verteidigen ihr Revier, nagen Knochen und zeigen anderen Hunden durch Körpersprache ihre Gefühle – genau wie ein Wolf. Wahrscheinlich züchteten die Römer die ersten Miniaturhunde. Bei Ausgrabungen fand man Gebeine römischer Hunde, die ebenso klein waren wie heutige Zwerghunde. Der kleine Malteser wurde möglicherweise schon von den Römern gezüchtet. Ein malteserartiger Hund ist jedenfalls schon auf einem römischen Bild zu sehen. Auch im Fernen Osten, in Tibet, China und Japan, züchtete man Zwerghunde, in Europa waren Zwergspaniels im Mittelalter beim Adel sehr beliebt.

Dismal Desmond war ein um 1930 in England beliebter Stoffhund.

Kleine, V-förmige Stehohren

Langes seidiges Haar

Breiter Kopf mit platter Schnauze und Stupsnase

TISCHGENOSSE
Auf diesem Ausschnitt aus einem französischen Gemälde aus dem 19. Jh. mit dem Titel *Caninemanie* („Hundewahn") wird das kleine Haustier dem Gast vorgezogen, der – auf einen Stuhl in der Ecke verbannt – auf diesem Bildausschnitt nicht erscheint.

KLEINER TEUFEL
Der Australian Silky Terrier besitzt die Lebhaftigkeit und die Instinkte eines großen Terriers. Er ist ein leidenschaftlicher Ratten- und Mäusefänger und nutzt jede Chance, Tieren in Erdbauen nachzujagen. Er stammt aus Australien und entstand durch Kreuzung verschiedener Terrierrassen.

CHINESISCHER LÖWENHUND
Der Pekinese oder Peking-Palasthund wurde der Sage nach als Darstellung des Löwengeistes Buddhas gezüchtet. Jahrhundertelang nahm er im Kaiserpalast einen Ehrenplatz ein.

PEKINESENPAAR
Der Schoßhund des chinesischen Kaiserhofs kam 1860 nach England, nachdem englische und französische Soldaten Peking erobert und den Kaiserpalast besetzt hatten. Seitdem ist er noch kleiner und kurzbeiniger gezüchtet worden.

KLEINER PINSCHER
Der Rehpinscher gilt als typischer Zwerghund. Obwohl auch der Dobermann zu dieser Rassengruppe gehört, wurde der Name Pinscher zum Schimpfwort für kleine Hunde. Diese Abwertung verdankt er auch seinem grimmigen Kläffen, das ihn trotz seiner geringen Größe zu einem guten Wachhund macht.

Runder Kopf mit aufgeschobener Nase

POMMERSCHER ZWERG
Der Großspitz ist eine der ältesten Hunderassen. Von ihm hat man über 10 000 Jahre alte Fossilien gefunden. In Pommern entstand als Zuchtform der Zwergspitz. Auf diesem Gemälde von Thomas Gainsborough (1727–1788) sieht man eine Zwergspitzmutter mit einem Welpen.

KÖNIGLICHER FAVORIT
Der King-Charles-Spaniel stammt vermutlich vom Japanischen Spaniel (Korea), vom Mops (England) und vom Malteser (Italien) ab. Seinen Namen erhielt er als Lieblingshund Karls II.

Bichons tragen ihren Schwanz über dem Rücken geringelt (Ringelrute).

Der Rehpinscher ist kein Weichling. Er ist drahtig und muskulös.

King-Charles-Spaniel

LOCKIGER SCHOSSHUND
Der Bichon Frisé entstand im 15. Jh. aus dem Malteser. Er war in der Renaissance sehr beliebt und erlebt heute, v. a. in den USA, wieder einen Aufschwung. Er ist sehr temperamentvoll und intelligent.

Das weiße Fell besteht aus einer weichen Unterwolle und lockigem seidigem Deckhaar.

Klasse ohne Rasse

Die verschiedenen Rassen der Jagdhunde, Schäferhunde, Wachhunde oder Sporthunde sind das Ergebnis jahrtausendelanger Züchtung und Auslese. Doch die meisten Hunde sind keine Rassehunde, sondern Mischlinge. Bei ihnen hat der Mensch nicht sorgfältig bestimmte Partner zur Paarung ausgewählt und prinzipiell können sich alle Hunderassen untereinander paaren, denn sie alle stammen vom Wolf ab und gehören mit ihm zu einer Art. Natürlich sind in der Praxis Größenunterschiede, wie sie zwischen einem Pekinesen und einer Deutschen Dogge vorhanden sind, schon ein Paarungshindernis. Trotzdem gibt es hin und wieder unerwartete Kreuzungen wie die zwischen einem Dackel und einem Deutschen Schäferhund. Man sagt Mischlingen nach, sie seien oft intelligenter als reinrassige Hunde. Mit Sicherheit zeigen sie eine größere Vielfalt an Verhaltensmustern, weil sie die Eigenschaften mehrerer Rassen in sich vereinen.

MÄNNCHEN MACHEN
Diese Promenadenmischung wartet auf eine Belohnung.

Die hochgebogene Rute unterstützt die Sprungbewegung.

MIT EINEM SATZ
Diese Bildfolge zeigt, wie ein Hund ein Hindernis überspringt. Der Schwanz spielt eine wichtige Rolle beim Gleichgewichthalten.

Mit den muskulösen Beinen stößt sich der Hund kraftvoll vom Boden ab.

DIE STIMME SEINES HERRN
Dieses Bild des Engländers Francis Barraud (1856–1924) wurde von einer Grammofonfirma für 100 Pfund Sterling erstanden. Der Hund, „Nipper", gehörte dem Maler. Er war ein Mischling mit viel Terrierblut. 1910 wurden dieses Bild und der bekannte Werbeslogan als Warenzeichen eingetragen. Noch heute ist es als Markenzeichen einer Schallplattenfirma in aller Welt bekannt.

BRAVER HUND!
Einen Hund abzurichten, ist oft ein anstrengendes, langwieriges Unterfangen. Doch eine gute Erziehung erleichtert Mensch und Hund, miteinander auszukommen.

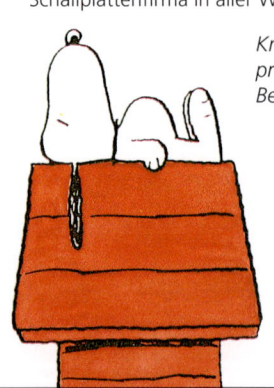

Kräftige, wohlproportionierte Beine

AUF DER HÜTTE
Die wohl bekannteste Hunde-Comicfigur ist Snoopy, eine Mischung aus Beagle und anderen Rassen. Er erlebt die tollsten Geschichten – aber am liebsten liegt er auf dem Dach seiner Hütte und schläft und träumt.

FREUNDLICHE BEGRÜSSUNG
Schwanzwedeln ist ein Zeichen von Freude und Wohlgesonnenheit. Dieser kleine Terrakottahund aus dem Jahr 500 v. Chr. wurde in Böotien in Mittelgriechenland gefunden.

LANDSTREICHER
Dieses Bild des Franzosen Constantin Magnier (1910) trägt den Titel *L'Ami des Bêtes* (französisch für „Tierfreund"). Es zeigt einen Landstreicher, der sein karges Mahl mit einer Schar streunender Hundemischlinge teilt.

Gespitzte Ohren

Augen nach vorn gerichtet

Mund zur besseren Atmung leicht geöffnet

ABKÜHLUNG
Dieser Mischlingswelpe leckt sich die Nase, damit sie in der Sommerhitze kühl und feucht bleibt.

Leuchtende, aufmerksame Augen

Die Haare sind nicht zu lang und nicht zu kurz.

Bei der Landung wird der Schwanz über den Rücken gelegt.

Ausdrucksvolle Kippohren

Wohlproportionierter Körper

Mit gestreckten Vorderbeinen kommt der Hund sicher am Boden auf.

Wohlgeformte Nase

BUNTE MISCHUNG
Diese Hundemischlinge weisen keine extremen Körper- oder Verhaltensmerkmale auf. Häufig sind solche Tiere gesünder und ausgeglichener als Rassehunde, bei denen z. B. platte Schnauzen zu Atembeschwerden oder übergroße Köpfe zu Komplikationen bei der Geburt führen können.

Hundehaltung

Wenn man Hundebesitzer werden will, sollte man sich darauf einstellen, das Tier sein Leben lang zu behalten – bis zu 17 Jahren. Im ersten Jahr ist ein Hund fast wie ein kleines Kind, allerdings kann man ihn relativ schnell stubenrein erziehen. Man muss den Bedürfnissen des Hundes entgegenkommen, aber der Hund sollte auch wissen, wo sein Platz in der Familie ist. Man sollte Hunde nicht den ganzen Tag lang allein lassen. Sie brauchen Ansprache, regelmäßig frisches Wasser und Futter zu festen Zeiten, harte Hundekuchen oder Knochen zum Nagen und zur Gebissreinigung. Eine vorsorgliche Behandlung gegen Würmer und Flöhe ist sinnvoll, in jedem Fall muss ein Hund gegen Hundestaupe, Stuttgarter Hundeseuche, ansteckende Leberentzündung und Tollwut geimpft werden.

HUNDEKOSMETIK
Puder brauchen Hunde kaum, wohl aber regelmäßiges Baden und Bürsten.

Warten aufs Bad

Teilweise geschoren

Rasur am Bauch

PUDELPFLEGE
Vom Wasserhund (S. 54–55), dem man das Fell schor, damit es nicht verfilzte, ist der Pudel zum ausschließlichen Begleithund geworden. Das Fell sollte ohne Rücksicht auf Standards so geschoren werden, dass das Tier sich wohlfühlt.

Ein nasser Pudel nach dem Bad

Haarschnitt am Schwanz

Fertig

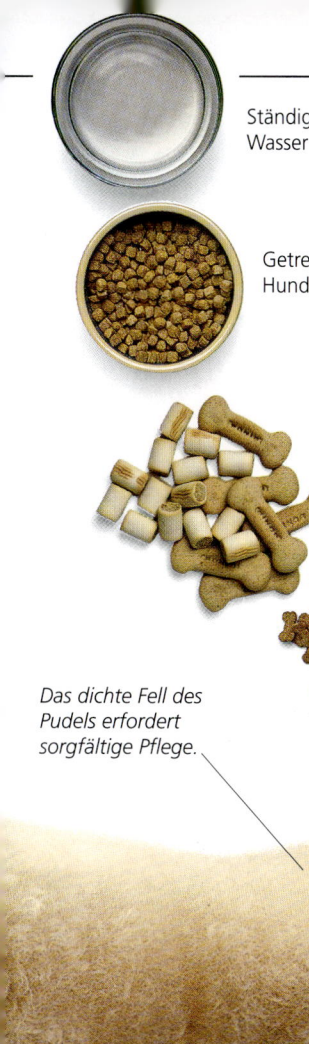

Ständig frisches Wasser

Getreide oder Hundeflocken

Hundekuchen

AB INS KÖRBCHEN
Wie jeder Wolf seinen eigenen Schlafplatz braucht, benötigt auch jeder Haushund sein eigenes Bett: einen Korb, einen alten Sessel, ein Deckenlager, o. Ä.

Nageknochen

Spielzeug

Leine

Kamm und Bürste

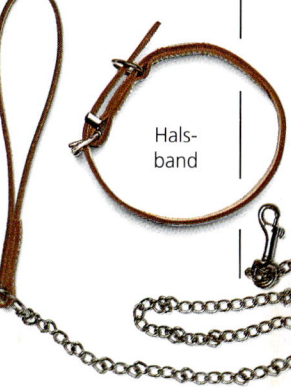

Hals-band

Das dichte Fell des Pudels erfordert sorgfältige Pflege.

Hilfsmittel für die Hundehaltung

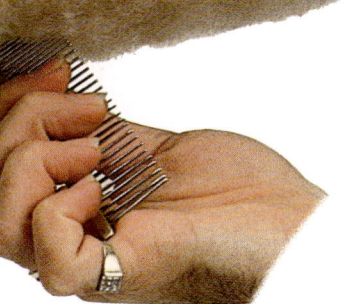

Zähne putzen

Nägel schneiden

Rasieren zwischen den Zehen

STREUNENDE HUNDE
Das Schlimmste, was einem Hund passieren kann, ist, dass er verloren geht oder ausgesetzt wird. Ins Tierheim gebracht, macht er einen verstörten und ängstlichen Eindruck. Findet sich kein neuer Besitzer, ist es am besten, ihn von einem Tierarzt einschläfern zu lassen. Denn allein im Zwinger des Tierheims fehlt ihm das Wesentliche in seinem Leben: eine Kontaktperson.

DER SCHÖNSTE
Seit etwas über 100 Jahren gibt es Hunde-ausstellungen. Dort werden die Tiere von Richtern anhand der von den Zuchtvereinen festgelegten Standards beurteilt. Doch nicht immer sind diese Standards zum Besten der Tiere. So kann ein Hund mit kupiertem Schwanz nicht mehr beim Sprung mit dem Schwanz balancieren und ein wesentliches Element seiner Körpersprache wird ihm genommen. Wie soll er mit einem Stummel Freude oder Angst ausdrücken?

ERKENNUNGSZEICHEN
Jeder Hund muss Namen und Adresse seines Besitzers bei sich tragen, z. B. auf einer gravierten Hundemarke am Halsband oder auf einem Zettel in einer Kapsel.

NAME   TEL.
ADRESSE

Wusstest du das?

Erstaunliche Fakten

Bei Hunden sind der Geruchssinn und das Gehör besser ausgebildet als der Sehsinn. Hunde nehmen Dinge wahr, wenn sie sich bewegen. Beim Erkennen spielen dann die Helligkeit und die Form eine Rolle.

Beim Rhodesian Ridgeback weisen die Haare entlang der Wirbelsäule nach vorn statt nach hinten.

Der Geruchssinn eines Hundes ist mindestens 1000-mal feiner als der des Menschen. Spürhunde hat man so gezüchtet, dass sie andere Tiere aufstöbern, indem sie deren Geruchsspur folgen. Sie können mehrere verschiedene Gerüche gleichzeitig wahrnehmen und sie erkennen. Hunde haben 20- bis 25-mal so viele Riechsinneszellen wie Menschen.

Eine Hündin säugt ihre Welpen.

Aus den Haaren einiger Hunde (z. B. Samojeden) kann man Fäden spinnen und Kleider weben.

Hunde hören viel besser als Menschen. Sie nehmen Töne wahr, die so hoch sind, dass wir sie gar nicht hören. Auch Geräusche in großer Entfernung können sie hören und erkennen, aus welcher Richtung sie kommen.

Der Basenji, ein afrikanischer Hund, ist die einzige Hunderasse, die nur sehr einsilbig bellen kann.

Basenji

Hunde schlingen ihre Nahrung schnell herunter und können sie leicht wieder auswürgen. Das ist für Wölfe vorteilhaft, denn sie müssen von ihrer Beute bis zu ihrem Rudel oft weite Strecken zurücklaufen und dort das Futter für die Welpen wieder auswürgen. Außerdem können Hunde auf diese Weise verdorbene Nahrung schnell wieder loswerden.

Bei Hunden mit langer Schnauze sitzen die Augen seitlich am Kopf. Deshalb haben sie ein großes Gesichtsfeld. Bei kurzschnäuzigen Hunden weisen die Augen meistens eher nach vorn, deshalb können diese Tiere Entfernungen gut einschätzen.

Große Hunde bringen im Schnitt größere Würfe zur Welt als kleinere. Die meisten kleinen Hunderassen haben aber eine längere Lebenserwartung.

Bulldoggen hat man ursprünglich gezüchtet, damit sie sich mit Bullen und Bären Kämpfe liefern.

Hunde können nur etwa 10 verschiedene stimmliche Laute hervorbringen, Hauskatzen hingegen etwa 20. Hunde kommunizieren v. a. mit Körpersprache. Erzieht man junge Welpen, verstehen sie Handzeichen schneller als Wörter.

In Frankreich und in den USA hat fast jede dritte Familie einen Hund. In Deutschland und der Schweiz lebt nur in etwa jedem zehnten Haushalt ein Hund.

Ein Hundeskelett besteht aus ungefähr 320 Knochen. Wie viele es genau sind, hängt davon ab, wie lang der Schwanz ist.

Ein Hund war das erste Tier im Weltall. 1957 schickten russische Wissenschaftler Laika in einem Satelliten um die Erde.

Der Windhund gehört zu den ältesten Hunderassen.

Ein Neufundländer im Wasser

Neufundländer sind ausdauernde und schnelle Schwimmer. Wie viele Hunderassen haben sie Schwimmhäute zwischen den Zehen, sodass sie besser paddeln können.

Ein neugeborener Welpe ist 2–3 Wochen lang taub, bis sich seine Gehörgänge öffnen.

Die meisten Welpen haben 28 Zähne, die ihm ab der 12. Lebenswoche ausfallen. Etwa im Alter von sechs Monaten wachsen dann 42 Zähne, die nicht mehr ersetzt werden.

Anders als Katzen können Hunde ihre Krallen nicht einziehen.

Bluthunde haben einen erstaunlichen Geruchssinn. Sie können vier Tage alte Fährten verfolgen.

Bluthund

Fragen und Antworten

Ein Hund sucht im Auto nach Drogen.

F Warum setzt die Polizei Hunde ein?

A Man nutzt ihren hervorragenden Geruchssinn. Die Spürhunde spüren manchmal Häftlinge auf, die geflohen sind, oder finden verbotene Drogen.

F Warum jagen v. a. junge Hunde ihren Schwanz?

A Ein Welpe jagt instinktiv seine Schwanzspitze – vielleicht, weil sie ihn an ein fliehendes Beutetier erinnert. Wenn ein erwachsener Hund seinen Schwanz jagt, hat er wahrscheinlich zu wenig Bewegung, Flöhe oder ein anderes gesundheitliches Problem.

F Welche Hunde sind am intelligentesten?

A Die meisten Hütehunde sind sehr intelligent und lassen sich leicht erziehen. Auch Jagdhunde kann man gut abrichten. Einigen kleineren Rassen, z. B. Pudeln, kann man sehr gut Kunststücke beibringen.

F Wie sollte man sich einem fremden Hund nähern?

A Wenn du Bekanntschaft mit einem unbekannten Hund machst, dann knie dich am besten hin und lass ihn deine Hand beschnüffeln. Mach keine plötzlichen Bewegungen und starre ihm nicht in die Augen, denn sonst könnte er sich bedroht fühlen. Wirkt der Hund aggressiv, dann vermeide Augenkontakt und entferne dich langsam. Renne nicht schnell fort, sonst fühlt er sich ermutigt, dich zu jagen.

F Warum hecheln Hunde?

A Anders als wir Menschen können Hunde nicht schwitzen, um sich abzukühlen. Nur an den Sohlen der Pfoten haben sie Schweißdrüsen, die ihre Körpertemperatur aber nicht regulieren. Hunde hecheln, um sich abzukühlen. Wenn Speichel auf der Zunge und im Maul verdunstet, sinkt die Körpertemperatur.

Rekordverdächtig

DER ÄLTESTE HUND
Der Australische Treibhund Bluey wurde 29 Jahre und fünf Monate alt.

DER SCHWERSTE UND LÄNGSTE BEKANNTE HUND
Ein englischer Mastiff namens Zorba hält den Rekord: 1989 wog Zorba 155 kg und war von der Schnauzen- zur Schwanzspitze 2,5 m lang.

DIE GRÖSSTE UND DIE KLEINSTE RASSE
Die kleinste Hunderasse ist der Chihuahua. Viele Hunderassen werden an der Schulter bis 90 cm hoch: die Deutsche Dogge, der Irische Wolfshund, der Bernhardiner, der englische Mastiff, der Barsoi und der Anatolische Hirtenhund.

Deutsche Dogge

F Warum fressen Hunde Gras?

A Hunde fressen Gras, wenn sie eine Magenverstimmung haben. Dann können sie die Nahrung leichter wieder auswürgen und fühlen sich anschließend besser.

F Erkennen Hunde Farben?

A Hunde können nur Grau- und Blautöne wahrnehmen. Grün, Rot, Gelb und Orange können sie nicht unterscheiden.

F Warum leuchten Hundeaugen im Dunkeln?

A Hinten im Augapfel befindet sich eine Schicht, das Tapetum lucidum. Sie reflektiert Licht zurück in den Augapfel. Deshalb kann der Hund bei wenig Licht besser sehen. Für uns wirkt es, als würde das Auge im Dunkeln leuchten.

Border Collies hüten oft Schafherden.

Hunderassen

Hunderassen haben ganz verschiedene Größen. Der Chihuahua ist sehr klein, der Irische Wolfshund enorm groß. Der Kennel Club in Großbritannien erkennt über 150 Hunderassen an. Sie werden je nach ihren Aufgaben in Gruppen eingeteilt.

Kopfformen

Langschnäuzige Hunde haben eine lange und oft spitze Schnauze. Rundköpfige Rassen haben eine kurze Schnauze. Bei Hunden mit eckigem Kopf ist zwischen Schnauze und Stirn ein Knick.

Der Barsoi hat lange, kräftige Kiefer.

Ein Mops hat ein sehr flaches Gesicht.

Ein Beagle hat eine eckige Schnauze.

Eckiger Kopf

Runder Kopf

Langer Kopf

Felltypen

Kurzhaarige Hunde haben ein glattes Fell. Die meisten langhaarigen Rassen haben dichte Unterwolle und längere Deck- oder Grannenhaare. Drahthaarige Hunde haben kurze Unterwolle und längere drahtige Grannenhaare. Wenige Rassen haben ein verfilztes Fell.

Langhaariger Bobtail

Kurzhaariger Entlebucher Sennenhund

Drahthaariger Schnauzer

Ungarischer Puli

Windhunde sehen hervorragend.

Im Rennen trägt der Hund einen Mantel mit seiner Nummer.

LAUF- UND WINDHUNDE

Seit langer Zeit züchten Menschen Hunde, damit sie ihnen helfen, andere Tiere zu erbeuten. Sehr schnelle Hunde wie der Große Englische Windhund, der Whippet und der Saluki haben gute Augen und jagen auf Sicht. Andere, wie Bluthunde, Beagles und Bassets, haben sehr viel Ausdauer und verfolgen die Beute v. a. mit ihrem Geruchssinn.

Bei der Geburt sind Dalmatinerwelpen weiß. Die Punkte entwickeln sich erst später.

GEBRAUCHSHUNDE

Zu dieser Gruppe gehören viele verschiedene Hunde, die man zu unterschiedlichen Zwecken gezüchtet hat, die aber heute weder als Arbeitshunde noch zum Hundesport eingesetzt werden. Japanische Edelleute züchteten z. B. den Akita für die Jagd auf Bären, Wildschweine und Hirsche. Heute ist der Akita v. a. ein Wachhund. Dalmatiner liefen ursprünglich neben Kutschen her. Ihre Aufgabe war es, Räuber zu vertreiben.

Das Fell des Jack-Russell-Terriers ist vorwiegend weiß.

TERRIER
Terrier sind wachsam, kühn und furchtlos. Die meisten wurden früher als Rattenfänger auf Bauernhöfen gehalten. Sie buddeln gern und einige, wie der Foxterrier, waren Jagdhunde, die Füchse aus dem Fuchsbau jagten. Andere, wie der Airedale Terrier, waren bei der Jagd auf Dachse und Otter hilfreich.

HÜTE- UND HIRTENHUNDE
Viele Hunde dieser Gruppe hüten noch heute Schafe und Rinder. Der Border Collie ist ein hervorragender Hütehund für Schafe, der Australische Treibhund kann große Rinderherden zusammenhalten. Hütehunde sind aufgeweckt und intelligent. Die meisten haben ein Fell mit Unterwolle, mit dem sie bei schlechtem Wetter geschützt sind.

Chihuahua

JAGDHUNDE
Jagdhunde sind zuverlässig, freundlich, intelligent und brauchen sehr viel Beschäftigung. Dazu gehören Pointer, Spaniel, Setter und Retriever wie dieser Labrador. Viele stöbern Vögel für die Jäger auf und apportieren die Jagdbeute. Einige, wie dieser Épagneul Picard, sind auf die Jagd von Wasservögeln spezialisiert. Der Spanische Wasserhund ist Fischern eine große Hilfe.

BEGLEITHUNDE
Die Rassen in dieser Gruppe sind freundlich und intelligent und lieben Aufmerksamkeit und Zuwendung. Die meisten sind eher klein.

ARBEITSHUNDE
Zu dieser Gruppe gehören Wachhunde wie der Mastiff und der Dobermann, Schlittenhunde wie der Sibirische Husky, Hunde, die Wagen ziehen wie der Berner Sennenhund, solche, die Fischern helfen wie der Neufundländer und Such- und Lawinenhunde wie der Bernhardiner.

Neugierig geworden?

Am meisten erfährst du natürlich über Hunde, wenn du viel Zeit mit ihnen verbringst. Biete zum Beispiel einem Hundebesitzer in deiner Nachbarschaft an, seinen Hund auszuführen, oder triff dich mit einem Freund, der einen Hund hat. Du kannst auch eine der vielen Hundeausstellungen besuchen, die das ganze Jahr über stattfinden. Hier gibt es Wettbewerbe und Vorführungen. Oder hilf freiwillig in einem Tierheim mit! Oft ist man dort sehr froh, wenn Menschen sich ehrenamtlich um ausgesetzte oder verletzte Tiere kümmern.

Du musst deinem Welpen gleich klar machen, was er falsch gemacht hat.

HUNDEERZIEHUNG
Es ist nicht einfach, einen Hund gut zu erziehen, denn man muss sehr konsequent sein, viel über das Verhalten von Hunden wissen und Erfahrung haben. Aus Büchern kannst du jede Menge zum Thema erfahren. Oft ist es aber besser, wenn du mit deinem Haustier eine Hundeschule besuchst oder dir Unterstützung bei einem Hundetrainer oder Verhaltensberater holst.

Ein Hund muss lernen, folgsam neben seinem Besitzer zu sitzen.

EIN EIGENER HUND
Wenn du einen eigenen Welpen bekommst, ist es wichtig, dass du viel Zeit mit ihm verbringst, wenn er noch jung ist. Hunde binden sich besonders stark an die Menschen, mit denen sie in ihrer Welpenzeit viel Kontakt hatten. Dein Hund braucht klare Anweisungen, wie er sich verhalten soll, aber auch viel Liebe, Aufmerksamkeit und Training.

CRUFTS
Jedes Jahr im März findet in Birmingham in England die größte Hundeschau der Welt statt. Sie dauert vier Tage und über 120 000 Besucher kommen jährlich. An Hunderten von Ständen werden nützliche und unnütze Dinge für die Lieblinge angeboten und es gibt viele Wettbewerbe und Vorführungen. Über 20 000 reinrassige Hunde nehmen am Wettbewerb um die Auszeichnung „Best in Show" teil.

HILF HUNDEN IN NOT!

Du kannst eine Tierschutzorganisation oder ein Tierheim unterstützen, indem du selbst mitarbeitest oder Geld spendest. Viele Organisationen kümmern sich um Tiere, die ausgesetzt oder schlimm behandelt wurden, und suchen ein neues Zuhause für sie.

Dieser Hund wurde schlecht behandelt.

Der Hund ist für seinen Besitzer eine große Hilfe und ein liebevoller Freund.

HUNDE ALS HELFER

Gut ausgebildete Hunde können Menschen mit einer körperlichen Einschränkung eine große Hilfe sein. Sie öffnen und schließen Türen, heben Dinge auf, die heruntergefallen sind, holen im Notfall Hilfe und sind treue Kameraden. Finde mehr über Organisationen wie „Lichtblicke e.V." oder den Verein zur Förderung des Blindenführerhundewesens heraus.

Besuche doch mal …

CRUFTS (BIRMINGHAM, GROSSBRITANNIEN)
Jedes Jahr im März findet diese Ausstellung im National Exhibition Centre in Birmingham statt. Es gibt viele Wettbewerbe und Vorführungen und über 400 Verkaufsstände. Du kannst jede Menge über die verschiedenen Hunderassen erfahren.

EINE HUNDEAUSSTELLUNG IN DEINER NÄHE
Auch in Deutschland, Österreich und der Schweiz finden jedes Jahr in vielen Städten Hundeausstellungen statt. Die Organisatoren sind der VDH (Verband für das Deutsche Hundewesen), die FCI (Fédération Cynologique Internationale) oder einer der vielen kleineren Hundevereine. Im Internet findest du genauere Informationen.

EUROPÄISCHES HUNDEMUSEUM KLOSTER MARIENBERG (ÖSTERREICH)
Im Burgenland in Österreich wurde dieses schöne Museum eingerichtet. In der Ausstellung mit vielen Bildern und Objekten kannst du jede Menge Interessantes zur Geschichte von Mensch und Hund erfahren. Hunde dürfen übrigens mit ins Museum!

LEEDS CASTLE (MAIDSTONE, GROSSBRITANNIEN)
In diesem Schloss gibt es eine interessante Ausstellung mit Hundehalsbändern aus verschiedenen Jahrhunderten.

Ein Hundehalsband aus der Ausstellung im Wasserschloss Leeds

HUNDESPORT

Bei einigen Ausstellungen finden auch Hundesport-Wettbewerbe statt: Hunde springen über Hürden und überwinden andere Hindernisse wie Schaukeln und Tunnel. Der Besitzer läuft mit und leitet seinen Hund an. Der Gewinner ist der schnellste Hund, der die wenigsten Strafpunkte bekommen hat, weil er ein Hindernis umgeworfen oder einen Teil des Parcours ausgelassen hat.

INTERNETADRESSEN

- Hunde können superschlau sein!
  http://news4kids.at/nachrichten/natur/article/hunde-haben-die-intelligenz-von

- Kommissar Spürnase ist unterwegs …
  www.kinderpolizei.at/kids/spuernase/polizeihund.html

- Erfahre mehr über Hunde und ihre Abstammung.
  http://www.tk-logo.de/cms/beitrag/10000222/204685/Hunde_und_ihre_Abstammung.html

- Huskys sind prima Schlittenhunde.
  http://www.kindernetz.de/oli/tierlexikon/husky/-/id=74994/vv=steckbrief/nid=74994/did=82322/uholrq/index.html

- Auch Hunde müssen manchmal in die Schule gehen.
  www.kinder-hd-uni.de/geburt/geburt13.html

- Warum haben Hunde vier Beine?
  www.br-online.de/kinder/fragen-verstehen/wissen/2003/00338/

- Lerne mehr über die Sprache des Hundes.
  www.medienwerkstatt-online.de/lws_wissen/vorlagen/showcard.php?id=1417&edit=0

Bernhardiner

Glossar

AASFRESSER Tiere, die sich von den Überresten toter Tiere ernähren.

AFTERKRALLE Die Kralle innen am Bein. Sie hat keine Funktion.

ARBEITSHUNDE Eine Gruppe von Hunden, die für Menschen Arbeiten verrichten, z. B., indem sie Schlitten ziehen, Schafe oder Rinder hüten oder Gebäude bewachen.

ART Eine Gruppe in der Systematik: Eine Gattung unterteilt man in Arten. Mitglieder einer Art können sich miteinander fortpflanzen.

AUSWÜRGEN Futter wieder herauswürgen, das schon verschlungen war. Wölfe und andere Hunde füttern auf diese Weise ihre Welpen.

BÄNDER Zähe, stabile Gewebestränge, die Knochen und Gelenke verbinden und die Muskeln stützen.

Hündin der Rasse Italienisches Windspiel mit ihren Welpen

BEGLEITHUNDE Eine Gruppe kleiner Hunde, die als Haustiere beliebt sind.

BRECHSCHERE Das Gebiss von Raubtieren wie Wölfen. Die Backen- und Vorbackenzähne des Ober- und Unterkiefers treffen nicht genau aufeinander sondern knapp aneinander vorbei. Durch die Hebelwirkung kann der Hund beim Beißen große Kraft entwickeln, sodass sein Gebiss ein wirkungsvolles Werkzeug zum Zerkleinern und Brechen von Knochen ist.

CANIDAE Die Mitglieder der Familie der Hundeartigen. Der Begriff kommt von *canis*, dem lateinischen Wort für Hund.

DOMINANT Ein Tier, das stärker ist als die anderen Rudelmitglieder und einen höheren Rang hat, ist dominant.

ECKZÄHNE Die großen Zähne zwischen den Schneidezähnen und den Vorbackenzähnen, mit denen der Hund seine Beute packt.

Beagles haben Hängeohren.

ENTWÖHNEN Einen Welpen daran gewöhnen, statt Muttermilch feste Nahrung zu fressen.

FAMILIE Eine Gruppe in der Systematik: Eine Ordnung teilt man in Familien ein. Zu einer Familie gehören eine oder mehrere Gattungen. Die Familie der Hunde nennt man Canidae.

FELLWECHSEL So nennt man es, wenn ein Hund sein altes Fell verliert und ein neues bekommt. Hunde wechseln im Frühjahr und im Herbst ihr Fell: Das dicke Winterfell wird durch das Sommerfell ersetzt und umgekehrt.

GATTUNG Eine Gruppe in der Systematik: Eine Familie unterteilt man in Gattungen. Eine Gattung besteht aus einer oder mehreren Arten.

GEBRAUCHSHUNDE Zu dieser Gruppe fasst man verschiedene Hunderassen zusammen, die dem Menschen auf unterschiedliche Weise nützlich sind.

GESICHTSMASKE So nennt man bei Tieren eine auffällige, meist dunkle Fellfärbung um die Augen, sodass es aussieht, als würden sie eine Maske tragen. Bestes Beispiel sind die Waschbären, aber auch bei Hunden kommt so eine Färbung vor.

GRANNENHAARE Die rauen Haare im Fell vieler Säugetiere, die man auch Deckhaare nennt. Sie sind länger als die dichte Unterwolle.

HÄNGEOHREN Ohren, die seitlich am Kopf herabhängen.

HUNDEPADDELN So nennt man es, wenn Hunde schwimmen, indem sie ihre Beine in waagerechten Kreisen bewegen.

HÜNDIN Ein erwachsener weiblicher Hund.

JAGDHUNDE So nennt man Hunde, die mit einem Jäger oder Wildhüter zusammenarbeiten. Sie stöbern das Wild auf, zeigen es an und apportieren es.

KIEFER Die Teile des Schädels, in denen die Zähne sitzen.

KLASSE Eine Gruppe in der Systematik: Einen Stamm unterteilt man in Klassen, eine Klasse in mehrere Ordnungen. Hunde gehören zur Klasse der Säugetiere.

KÖDER Etwas Essbares, das man auslegt, um Tiere anzulocken.

KUPIEREN Das Kürzen des Schwanzes oder das Entfernen der Ohrspitzen, sodass die Ohren aufrecht stehen und spitz statt abgerundet sind. In einigen Ländern, wie in Deutschland, ist das Kupieren verboten.

MISCHLINGE Hunde, deren Eltern verschiedenen Rassen angehören oder selbst Mischlinge sind. Mischlinge nennt man auch Bastarde.

MUSKELN Gewebe, die sich zusammenziehen oder entspannen. Muskeln ermöglichen die Bewegung eines Tiers.

NACKENHAARE Die Haare oben am Hals, die ein Hund aufstellt, wenn er Angst hat oder Aggression zeigt.

NICKHAUT Diese dünne Hautfalte im Hundeauge nennt man auch drittes

Der Labrador ist ein Jagdhund.

Augenlid. Sie kann über das Auge gezogen werden und schützt es vor Staub und anderen Verunreinigungen.

ÖKOLOGISCHE NISCHE Die Rolle, die eine Pflanze oder ein Tier in seiner Lebensgemeinschaft spielt. Wichtig ist dabei auch, wie es sich anderen Lebewesen gegenüber verhält.

ORDNUNG Eine Gruppe in der Systematik: Eine Klasse unterteilt man in Ordnungen. Zur Ordnung gehören eine oder mehrere Familien. Hunde gehören zur Ordnung Carnivora.

Diese Hunde sind Mischlinge.

RANGORDNUNG Die Reihenfolge vom mächtigsten zum schwächsten Tier in der Gruppe.

RASSE Eine Gruppe von Hunden mit bestimmten Merkmalen. Menschen kreuzen (verpaaren) gezielt bestimmte Tiere miteinander, um besondere Merkmale herauszuzüchten, wie einen Felltyp oder eine Kopfform. Wenn man die Zucht nicht streng überwacht, können Merkmale schnell verloren gehen.

RASSESTANDARD Die offizielle Beschreibung einer Rasse, zu der Größe, Gewicht, Fellfarbe und andere Merkmale gehören.

RAUBTIERE Mitglieder der Ordnung Carnivora, die mit spezialisierten Zähnen zupacken und Fleisch zerteilen können. Die meisten Raubtiere fressen v. a. Fleisch.

RÄUMLICHES SEHEN Die Fähigkeit, mit jedem Auge ein anderes Bild wahrzunehmen. Auf diese Weise sieht man ein dreidimensionales Bild und kann Entfernungen gut einschätzen.

REINRASSIG Ein Hund, dessen Eltern derselben Rasse angehören.

RÜDE Ein erwachsener männlicher Hund.

RUDEL Eine Gruppe von Tieren einer Art. Die Tiere leben und jagen gemeinsam und sind oft miteinander verwandt.

RUTE Eine andere Bezeichnung für den Schwanz eines Hundes.

SATTELFLECK Eine schwarze Zeichnung in der Form eines Sattels am Rücken eines Tiers.

SÄUGEN Wenn Welpen Milch bei der Mutter trinken.

SCHNAUZE Der Teil des Kopfes vor den Augen.

SEHNEN Stränge aus stabilem Gewebe, mit denen Muskeln an Knochen befestigt sind.

SKELETT Das Gerüst aus Knochen, das den Körper des Tiers stützt. Am Skelett setzen die Muskeln an und es schützt die inneren Organe. Im Knochenmark werden Blutzellen gebildet und in den Knochen Mineralstoffe gespeichert.

SPITZ Eine von mehreren Hunderassen, die untersetzt gebaut sind, einen nach oben gerollten Schwanz, eine spitze Schnauze und aufrecht stehende Ohren haben. Der Chow-Chow ist ein Spitz.

SPÜRHUNDE Hunde, die so gezüchtet wurden, dass sie v. a. ihren Geruchssinn statt ihrer Augen oder das Gehör einsetzen, wenn sie andere Tiere verfolgen. Bluthunde, Beagles und Englische Fuchshunde sind Spürhunde.

STAMM Eine der großen Gruppen in der Systematik: Ein Stamm besteht aus einer oder mehreren Klassen. Hunde gehören zum Stamm Chordata wie alle Wirbeltiere (Tiere mit einer Wirbelsäule).

STAMMBAUM Im Stammbaum sind alle Vorfahren eines reinrassigen Hundes festgehalten.

STEHOHREN Aufrecht stehende Ohren, die nicht seitlich am Kopf herabhängen.

SYSTEMATIK Alle Lebewesen werden je nach ihren Verwandtschaftsverhältnissen und Ähnlichkeiten im Körperbau in ein System von Gruppen eingeteilt.

TAPETUM LUCIDUM Eine Zellschicht hinten im Augapfel eines Hundes, die Licht reflektiert. Deshalb kann ein Hund auch dann viel erkennen, wenn nur wenig Licht vorhanden ist.

TARNFÄRBUNG Eine Färbung, die mit der Umgebung verschmilzt oder den Umriss des Tiers mit Flecken oder Streifen aufbricht. Die Tarnung ist sowohl für Tiere, die Beute jagen, als auch für Beutetiere wichtig.

TERRIER Eine Gruppe aktiver, neugieriger Hunde, die ursprünglich für die Jagd auf Tiere eingesetzt wurden, die in unterirdischen Bauen leben.

UNTERWOLLE Dichte weiche Haare unter den Grannen- oder Deckhaaren, die bei vielen Säugetieren vorhanden sind.

VERWILDERTE HUNDE Hunde, die wieder in freier Natur leben und nicht mehr unter der Kontrolle des Menschen sind.

VORSTEHEN Eine Eigenschaft bei Jagdhunden. Mit erhobenem Vorderlauf verharren sie regungslos vor dem aufgestöberten Wild, bis der Jäger kommt. Vorstehen geht auf das Jagdverhalten des Wolfs zurück: Er verharrt kurz in einer Starre, bevor er die Beute angreift.

Yorkshire-Terrier

WAMME Falten, die bei manchen Hunden unter der Kehle herabhängen, z. B. bei Bluthunden.

WELPE Ein Hund, der noch kein Jahr alt ist.

WURF Eine Gruppe von Welpen, die eine Hündin gleichzeitig zur Welt bringt.

ZUCHTBUCH Das Buch, in dem Züchter die Stammbäume der Hunde festhalten.

ZÜCHTEN Bestimmte Tiere miteinander kreuzen (sich paaren lassen), sodass der Nachwuchs die Merkmale aufweist, die gewünscht sind.

Welpen beim Spielen

71

Register

Dank und Bildnachweis

Dorling Kindersley dankt Trevor Smith's Animal World, V. Battarby, R. Hills, E. Mustoe, H. Neave, D. Peach, R. Ramphul, S. Renton, S. Surrell, J. Williamson und J. Young dafür, dass sie Hunde für Fotos zur Verfügung gestellt haben; den Zoos von Augsburg, Duisburg und Osnabrück dafür, dass sie Wildhunde für Fotos zur Verfügung gestellt haben; J. Larner für die Hundepflege; The British Kennel Club und Ms. R. Wilford für Informationen zur Hundezucht; der Belegschaft des Natural History Museum und R. Loverance vom British Museum für die Unterstützung bei der Recherche; J. Gulliver für Unterstützung des Buchprojekts; C. Carez, B. Crowley, C. Gillard, T. Keenes und E. Sephton für Designassistenz; J. Parker für das Register.

Illustrationen: E. Sephton, J. Kaiser-Atcherley

Der Verlag dankt den folgenden Personen und Institutionen für die freundliche Genehmigung zum Abdruck von Fotos:

(Abkürzungen: o = oben, go = ganz oben, u = unten, m = Mitte, l = links, gl = ganz links, r = rechts, gr = ganz rechts, Hg = Hintergrund)

Advertising Archives: 60ul, 63ul. Allsport: 46ml; / Bob Martin: 15mr. American Museum of Natural/ A. Anderson: 9gol; /Logan: 9mgo. Ancient Art and Architecture Collection: 49uml. Animal Photography/ Sally Anne Thompson: 39gor, 45gor, 45ur, 50m. Ardea, London Ltd/Eric Dragesco: 25gol; /Ian Beames: 35ur; /John Daniels 68m, 69ul; /Jean-Paul Ferrero: 22go, 37ml, 56m; /Kenneth W. Fink: 20ul, 31ur; /M. Krishnan: 36mul; /S. Meyers: 68gol. Australian Overseas Information Service, London: 37gor. Bridgeman Art Library: 6gol, 6–7go, 7gor, 40ml, 41gol, 41gor, 42gor; Cadogan Gallery, London: 18ml; Oldham Art Gallery, Lancs: 46gor; Rafael Valls Gallery, London: 55ul. British Museum: 34gol, 34ur, 35ml, 35ul; Museum of Mankind: 26ur. Jean-Loup Charmet: 19ul, 51ul, 58mr, 61gor. Bruce Coleman/John M. Burnley: 19gol; /Jessica Ehlers: 36ul; /Jeff Foott: 32ml; /Gullivan & Rogers: 33ur; /F. Jorge: 32gor; / Leonard Lee Rue: 25gom, 29gol. Columbia Pictures Television: 39gol. Corbis: 64–65 (Hg) /Gallo Images 25mru /Richard Hamilton Smith 67u /Kevin R. Morris 67gor/Tom Nebbia 64gor, 69m /Rick Price 66–67 (Hg) /Ariel Skelley 68gor/Greg Smith 65gol /Dale C. Spartas 67ml. Syvia Cordaiy Photo Library: 63mur. Cyanamid (UK)/Animal Health Div: 11u. C. M. Dixon: 36gol. DK Images: Tracy Morgan 64ul, 65mr, 66mlu, 66ul, 66mul, 67gol, 68–69 (Hg), 70go, 70ml, 70u, 70–71 (Hg). EMI Records: 60mr. English Heritage/ Keith Hobbs: 52mr. Archive: 48ul. Mary Evans Picture Library: 10gol, 16ul, 21m, 22mu, 44ul, 47ul, 48gol, 48gor, 53gom. Marc Henrie, ASC (London): 42ur. © Hergé: 47mr. Michael Holford: 4mr, 34ul, 38ml, 58ul. Hutchison Library/H. R. Dörig: 32gol; /R. Ian Lloyd: 35gol. ILN Picture Library: 53ml, 56ur. Image Bank: 12gol, 30gol. Imperial War Museum: 44gor. Kennel Club Picture Library: 68. Dave King: 10ur, 13mgol, 39ugor, 42ul, 45mr, 48ml, 51gol, 52gol, 52–53go, 53m, 54gor, 54ul, 57gol, 61ul. Kobal Collection: 42gol; /Avco Embassy: 23ur; /Twentieth Century Fox: 49gol. Michael Leach: 29mu. Leeds Castle: 35um, 69mr. Macmillan Inc: 8ur. National Archive of Canada/Karen E. Bailey (C–137830): 57u. National Portrait Gallery: 56gor. Natural History Museum Pubs: 9ur. Peter Newark's Pictures: 25m, 29mr. NHPA/ Michael Leach: 36mgol; /Mandal Raijit: 27ul. Robert Opie Collection: 44gol, 50gol, 54mr, 62gol. Oxford Scientific Films/O. Newman: 23mr. Planet Earth Pictures/J. R. Bracegirdle: 24um; /Jim Brandenburg: 11mr, 23ul; /J. Scott: 21gol. Axel Poignant Archive: 36ur. Retrograph Archive/Martin Breese: 14gor, 20gol, 42ml, 44ur, 46gol, 50ml, 53mr. Reuters /Andy Muller 66mr. RSPCA Photolibrary /Paul Herrmann: 69gol. Gary Santry: 61mr. Science Photo Library/John Sanford: 8gol. South American Pictures/Tony Morrison: 33ul. Tate Gallery: 59gor. Tring Museum: 7ul. © 1990 United Feature Syndicate, Inc: 60ur. F. R.

Valla: 35mr. V & A Museum: 29ur, 56gol, 58gol. Werner Forman Archive: 23mgo, 24gor, 41goc, 54gol. Zefa Picture Library: 47ml. © Dr. Erik Zimen: 18mgor, 19gor, 21ml, 23gor.

Poster: Corbis: Bettmann ugr; Dorling Kindersley: British Museum ml, British Museum gogr, Natural History Museum, London gogl, mlo, Jerry Young glmo, mgl, mugl, mlu/ (Marderhund).

Cover: Vorn: Dorling Kindersley: The British Museum mro; Getty Images: Stone / Monica Dalmasso u.

Alle anderen Abbildungen © Dorling Kindersley

Weitere Informationen unter www.dkimages.com

Zuchtvereine: Deutsche Vereine sind im VDH (Verband für das Deutsche Hundewesen, Sitz Dortmund), in der EHU (Europ. Hundesportunion) oder anderweitig organisiert. Die meisten Zuchtvereine sind in der F.C.I. (Fédération Cynologique International) mit Sitz in Brüssel zusammengeschlossen. Diese Vereinigung legt zusammen mit dem Herkunftsland die Standardmerkmale einer Rasse fest.

Weitere Themen in dieser Reihe:
(Bandnummer in Klammern)